天 天衡系列丛书

游戏出海
合规指引

Compliance Guidelines for
Games Going Global

李金招　蒋晓焜　编著

知识产权出版社
全国百佳图书出版单位
—北京—

图书在版编目（CIP）数据

游戏出海合规指引 / 李金招，蒋晓焜编著 . —北京：知识产权出版社，2023.8
ISBN 978-7-5130-8847-3

Ⅰ . ①游… Ⅱ . ①李… ②蒋… Ⅲ . ①网络游戏 – 法律 – 研究 – 国外
Ⅳ . ① D912.174

中国国家版本馆 CIP 数据核字（2023）第 143689 号

内容提要

　　本书介绍我国游戏企业在海外发行游戏时涉及的游戏政策、合规要点及具体操作方法，主要包括游戏出海布局、游戏出海模式、游戏出海涉税、知识产权风险防控、游戏分级制度的合规要求、游戏出海的数据合规、特定区域的游戏发行政策等，重点覆盖全球游戏出海的热门区域，如欧盟、中东、东南亚等，为我国在海外发行游戏的企业提供指导、规避风险。

　　本书适合游戏发行企业、法律研究者及对游戏出海感兴趣的读者阅读。

　　责任编辑：王志茹　　　　　　　　　责任印制：孙婷婷

游戏出海合规指引
YOUXI CHUHAI HEGUI ZHIYIN
李金招　蒋晓焜　编著

出版发行：知识产权出版社 有限责任公司		网　　址：http://www.ipph.cn		
电　　话：010-82004826		http://www.laichushu.com		
社　　址：北京市海淀区气象路 50 号院		邮　　编：100081		
责编电话：010-82000860 转 8761		责编邮箱：laichushu@cnipr.com		
发行电话：010-82000860 转 8101		发行传真：010-82000893		
印　　刷：北京建宏印刷有限公司		经　　销：新华书店、各大网上书店及相关专业书店		
开　　本：720mm×1000mm　1/16		印　　张：11.25		
版　　次：2023 年 8 月第 1 版		印　　次：2023 年 8 月第 1 次印刷		
字　　数：146 千字		定　　价：88.00 元		

ISBN 978-7-5130-8847-3

前　言

PREFACE

近年来，在中国境内游戏行业竞争激烈、中小企业的生存空间被严重挤压的情况下，在紧跟游戏产品全球化分销门槛大幅度降低的移动游戏时代，境内游戏公司出海恰逢其时。自 2018 年 3 月以来，国家新闻出版署暂停发放游戏版号，境内新游戏难以上架，游戏市场遭遇寒冬。为应对这一形势，我国游戏公司争相选择在海外发行游戏，游戏的"大航海时代"已然来临。

然而，游戏的海外发行之路并不如想象的那样顺畅。中国境内游戏企业在海外发行、运营游戏时，不仅要遵守中国境内的法律和政策，还需要遵循目的国或目的地区的制度和规则。长期以来，中国境内的互联网存在一定隐患，行业生态系统中出现一些不正当竞争行为，此类行为不仅不符合中国境内相关的监管政策，也不符合海外目的国或目的地区政府的监管要求。因此，当游戏企业选择拥抱全球市场时，海外法律及政府监管便与其近在咫尺。作为游戏企业，我们必须更好地了解海外的法律制度和监管政策，管理风险、创造价值，更好地为游戏海外发行保驾护航。

2019 年 4 月，虽然国家新闻出版署放开了游戏版号申报，但是游戏出海❶之势头已经形成，不仅这种势头难以逆转，而且今后将会有更多的游戏企业选

---

❶ "游戏出海"是游戏行业的普遍提法，"游戏出海"的地区涉及中国香港地区、澳门地区及台湾地区，因此书中所说的"海外"与"境外"意思相同，均包括中国香港地区、澳门地区及台湾地区。

择出海发行游戏。基于此考虑，为了使更多游戏企业了解游戏出海时可能面临的知识产权侵权、未成年人保护、游戏分级、数据合规等法律风险，笔者特结合自己为游戏企业提供海外游戏合规服务的经验编写本书，以飨读者。

李金招　蒋晓焜

2023 年 2 月

目　录
CONTENTS

第 1 章　游戏出海的模式··1

  1.1　委托代理模式···1

  1.2　自主运营模式···4

第 2 章　游戏出海的布局策略······································7

  2.1　是否设立海外主体···7

  2.2　如何设立海外主体···8

第 3 章　游戏出海的涉税问题······································12

  3.1　境内主体直接在海外发行游戏的涉税问题···················12

  3.2　设立海外公司发行游戏的涉税问题·························16

第 4 章　游戏出海中的知识产权风险防控·····················22

  4.1　知识产权概述···22

  4.2　游戏相关著作权的保护路径·································26

  4.3　游戏相关商标专用权的保护路径···························30

  4.4　避风港原则及侵权通知·····································37

第 5 章　游戏分级制度的合规要求 ··· 41

5.1　游戏分级制度概述 ··· 41

5.2　主要的游戏分级组织 ··· 42

5.3　游戏分级制度的审核项目 ··· 44

5.4　各地主要游戏分级制度简介 ··· 45

第 6 章　各地法律对游戏出海数据合规的要求 ·································· 58

6.1　游戏出海中的数据合规概述 ··· 58

6.2　欧盟对游戏出海数据合规的要求 ····································· 59

6.3　新加坡对游戏出海数据合规的要求 ··································· 75

6.4　马来西亚对游戏出海数据合规的要求 ································· 83

6.5　泰国对游戏出海数据合规的要求 ····································· 87

6.6　菲律宾对游戏出海数据合规的要求 ··································· 89

第 7 章　特定区域的游戏发行政策 ··· 94

7.1　日本的游戏发行政策 ··· 94

7.2　越南的游戏发行政策 ··· 99

7.3　韩国的游戏发行政策 ·· 121

7.4　中东地区的游戏发行政策 ·· 123

参考文献 ··· 135

附　录 ··· 139

附录 1　中国香港、澳门地区对游戏出海数据合规的要求 ················· 139

附录 2　中国台湾地区的游戏发行政策 ································· 154

第1章　游戏出海的模式[●]

游戏的海外发行一般可选择两种模式：委托代理模式和自主运营模式。

1.1　委托代理模式

1.1.1　模式的特点

委托代理模式对游戏开发商而言操作起来相对容易，无须自主运营，游戏的海外推广、运营、客服均由游戏运营商负责，开发商只需负责技术支持即可，但该模式的弊端在于开发商所获利润较低，无法培养自己的运营团队，同时在当地寻找知名、权威的游戏运营商也需要时间。

1.1.2　模式中的法律风险

由于在委托代理模式中游戏开发商无须自主运营，因此游戏开发商在选择运营商的过程中要特别注意把控和运营商之间的运营代理协议风险。具体而言，授权运营代理协议风险的控制要点如下。

● 李金招，陈乙捷．海外发行模式的选择 [EB/OL]．（2019-05-31）[2023-07-18]. https://mp.weixin.qq.com/s/TlqlhYvOJ_REJ1U03FtJyA.

1. 代理方式

如果代理方式是独占或排他代理，那么运营商获得了该游戏产品的代理权。在授权期限内，除非存在重大违约行为，游戏开发商不得更换代理人，也不得再授权其他运营商，所以这种代理方式对开发商的约束较多，须审慎选择。如果是非排他或非独占的代理方式，那么运营商仅获得游戏产品的一般代理权。在授权期限内，如果开发商对该运营商所提供的服务不满意，那么可另行选择其他运营商，所以该代理方式对开发商而言风险较小。

2. 交付、测试和商业化运营

在授权代理合同中，应明确标的物交付、内测和公测的具体日期，并在测试期满后要求运营商提供测试合格通知书或修订通知书。同时，授权代理合同还应当明确要求运营商在一定期限内实现商业化运营，避免运营商以其他原因拖延收费运营日期，尤其应当约定如无法在一定期限内实现商业化运营，则开发商可要求解除授权代理合同。

3. 授权金、收入分成和结算

一般而言，委托代理运营时运营商均会先支付一笔授权金和预付分成，至于该授权金和预付分成是否可以退还，尤其是预付分成的性质及能否退还应当在授权代理合同中明确约定，否则极易引起争议和纠纷。笔者此前已经代理多起类似的纠纷，纠纷的根本原因是在游戏被提前下架的情况下已经预付的分成是否应当退还及尚未支付的预付分成是否应当继续支付，双方对此存在争议。

收入分成及结算是授权代理合同中的核心条款，关系到开发商的直接利益，因此在约定收入分成时应明确分成的计算基数。该计算基数按销售收入或营业收入确定，但应对销售收入进行明确界定，如是毛收入还是净收入，是否应扣除相应的渠道手续费、税费等，以避免发生争议。同时，对结算程序应明确约定，确定对账日、开具发票日和付款日。

4. 知识产权

游戏知识产权是开发商的核心资产，故游戏授权代理合同中应明确运营商的知识产权保护和保密义务，应约定开发商对合作的标的物、标的物附属作品、资料、业务接口及相关内容（包括但不限于业务接口软件源代码、软件通信协议、技术资料、技术方案、品牌等）享有知识产权，运营商不得以任何非法方式（包括但不限于反汇编、反编译、跟踪、拷贝或以其他方式获得中间结果）侵害开发商的合法权益。

5. 代理终止后的清算事宜

授权代理合同终止后，开发商与运营商应进行清算，清算的内容包括剩余未分配收入、玩家账户未消耗的游戏币和道具、玩家数据的保存和移交等。一般而言，对于玩家账户未消耗的游戏币和道具可约定由开发商新设置的服务器接收。若玩家不同意转移服务器或者无新的服务器接收，则由运营商退还给玩家，该部分对应的充值收入不被纳入分成范围。同时，玩家在游戏中的相关角色、物品消耗数据归开发商所有。

6. 法律适用和争议管辖

对于涉及跨境的游戏授权协议，在法律适用和争议管辖上的约定对未来争议的解决较为重要。一般而言，要尽量争取适用中国境内的法律并在中国境内的仲裁机构（如中国国际经济贸易仲裁委员会）解决争议。若双方无法达成一致，则可考虑在第三地，如新加坡或者中国香港地区的仲裁机构进行仲裁。

1.2 自主运营模式

1.2.1 模式的特点

自主运营模式主要是游戏开发商直接通过苹果应用商店（App Store）、谷歌商店（Google Play）等渠道自主运营游戏。

1.2.2 模式中的法律风险

在自主运营模式中，若游戏公司选择与 App Store、Google Play、脸书（Facebook）等渠道进行合作，虽然这些渠道的合作政策相对透明，但仍应注意商标、版权及专利等知识产权方面的法律风险，要特别注意在 App Store、Google Play 的版权侵权通知和竞争对手恶意侵权投诉上做好应对策略。

1. 对 App Store、Google Play 的版权侵权通知的应对

在游戏出海过程中，游戏开发商经常会遇到游戏作品被抄袭、模仿的情况。根据美国 1998 年颁布的《千禧年数字版权法案》（Digital Millennium Copyright Act，DMCA）规定的避风港原则，在发生版权侵权时网络业务提供商（Internet Service Provider，ISP，如 App Store、Google Play 等平台）只提供空间服务，并不制作网页内容，如果 ISP 被告知侵权后迅速将侵权内容删除或断开链接，则可不承担侵权责任，但是目前对游戏产品是否侵权的界定仍存在困难。App Store 和 Google Play 在处理侵权投诉时往往存在一定差异。Google Play 对涉嫌侵权的作品进行删除或断开链接往往更为迅速；相比之下，App Store 对涉嫌侵权作品往往更追求侵权实质，获得通知后可能对侵权作品与权利人通知所提供

的作品做一定的评估和比对，谨慎判断是否删除或断开涉嫌侵权作品的链接，避免造成不必要的损失。

以 App Store 为例，如果游戏开发商认为其游戏版权受到他人侵犯，那么根据 DMCA 的规定，要求通过 App Store 启动侵权索赔程序，需要准备如下材料。❶

（1）授权人或版权人的签章（电子签章同样有效）。

（2）被侵权作品的版权归属证明。

（3）被侵权的相关证据。

（4）被侵权方的联系方式，如地址、电话号码、E-mail 等。

（5）出具对方未经授权使用我方作品或商标的声明。

（6）出具向 App Store 所提供的信息均为真实的声明。

Google Play 的侵权申诉入口为 https://support.google.com/legal/troubleshooter/1114905? hl=zh-Hans，App Store 的侵权申诉入口为 App Store Notices@apple.com。

2. 对竞争对手恶意侵权投诉的应对

游戏作品在海外发行过程中，除会发生被侵权的情况外，还可能发生被竞争对手恶意侵权投诉的情况。App Store 和 Google Play 除了知道或者应当知道平台内经营者侵权的情况外，通常在收到侵权投诉后不会直接下架涉嫌侵权的游戏或应用，而可能会先将对方侵权投诉的情况告知权利主张者。

在收到对方侵权投诉的通知后，大致可以按照如下思路处理。

（1）游戏作品开发商应与内部运营团队、法务、外部律师进行及时沟通讨论，结合涉嫌侵权作品当地的知识产权保护法律法规，对被投诉游戏作品

---

❶ Claims of Copyright Infringement（"DMCA"）[EB/OL]. [2023-03-14]. https：//www.apple.com/legal/contact/copyright-infringement.html.

是否对对方游戏或应用构成侵权做出基本判断，尤其是涉及侵权的界限、独创性等需要结合当地文化进行判断的内容，必要时应征询当地律师的意见。若最终判断被投诉游戏作品并未侵犯他人版权，则游戏作品开发商应收集相关证据，在给出的时限内向 App Store 回复邮件并及时提交相关证据。

（2）若经上述评估后发现被投诉游戏作品确实存在侵权内容，游戏作品开发商应及时对涉嫌侵权的内容进行调整或删除（必要时应进行版本更新），停止侵权，并将该情况及时向 App Store 发送邮件说明。无论游戏作品是否实际侵犯他人权利，游戏作品开发商都应在收到 App Store 关于侵权事宜的邮件后及时做出回复，否则 App Store 很有可能会将涉嫌侵权游戏作品下架。

第 2 章　游戏出海的布局策略

2.1　是否设立海外主体 ❶

在海外设立公司推动游戏运营是游戏出海企业普遍的选择，但应当综合考虑设立海外公司审批流程的烦琐程度、公司的运营成本和业务发展模式等因素再确定。

在海外设立公司所涉问题较为复杂，相应的审批流程也较烦琐。首先，我国境内企业对外投资时需要进行境外直接投资（Overseas Direct Investment, ODI）审批，获得境内商务主管部门、国家发展和改革委员会（以下简称"国家发改委"）的审批及进行银行外汇登记，而且 ODI 审批一般耗时较长、所需材料也较多；其次，在海外设立公司之后维持正常经营需要一定成本，甚至可能需要派驻人员在当地办公；最后，在海外设立公司自主运营游戏，需要对当地的法律法规及监管政策十分熟悉，相应的难度也比较大。

一般而言，对于游戏开发商，如果仅是为游戏发行而在海外某个国家或地区做一些测试，那么特定游戏产品在当地的商务数据表现尚不明确的情况下，在当地注册公司可能造成游戏运营成本大幅度上升。若游戏开发商希望在某个

---

❶ 李金招，陈乙捷. 游戏出海是否需要设立境外公司 [EB/OL].（2019-05-15）[2023-08-17]. https://mp. weixin.qq.com/s/o3YJvPx_AVcQAkziU4chpA.

国家或地区的市场（如日本、韩国、东南亚、欧美、中东等国家或地区）深耕发展，在海外注册公司将其作为游戏发行的前哨，深入市场前沿了解市场需求并进行市场活动，对游戏在当地发行可能更为有利。

除此之外，是否在海外设立公司还应当结合公司的业务发展模式及海外发展规模。例如，在自主运营模式下，海外发行游戏需要大量的推广投入和外包服务采购，这会涉及相应的资金跨境收支问题。在我国对资金跨境收支监管相对严格的情况下，设立海外子公司，通过其获得游戏运营收入并承担运营推广支出，可避免资金跨境收支的烦琐手续。再如，某些游戏运营需要游戏开发商在当地的子公司、分支机构或者当地经销商向政府部门申请办理游戏分级手续（如韩国）。若在当地设立子公司，可方便相应手续的办理。如果游戏开发商对海外市场尚处于探索阶段，不需要投入大量的海外推广、外包服务及翻译服务，也不会产生大额资金跨境收支问题，那么无须在海外设立公司。

2.2　如何设立海外主体

2.2.1　我国境外投资管理相关法规

根据国家发改委、中华人民共和国商务部（以下简称"商务部"）、国家外汇管理局的境外投资管理相关法规（见图2.1），我国境内企业通过新设、并购或以投入资产、权益，提供融资、担保等方式，取得海外公司或资产的权益，需要通过商务主管部门、发展改革相关部门的备案或核准及银行外汇登记三个环节。

就发展改革相关部门审批层面而言，企业海外投资主要适用《企业境外投资管理办法》（国家发展和改革委员会令第11号，以下简称"11号文"）。11号文第4条规定："投资主体开展境外投资，应当履行境外投资项目（以下称'项目'）

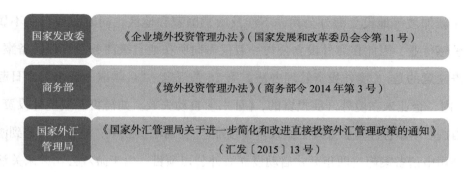

国家发改委	《企业境外投资管理办法》（国家发展和改革委员会令第 11 号）
商务部	《境外投资管理办法》（商务部令 2014 年第 3 号）
国家外汇管理局	《国家外汇管理局关于进一步简化和改进直接投资外汇管理政策的通知》（汇发〔2015〕13 号）

图 2.1　我国境外投资管理相关法规

核准、备案等手续，报告有关信息，配合监督检查。"其中，实行核准管理的范围是投资主体直接或通过其控制的境外企业开展的敏感类项目，包括涉及敏感国家和地区的项目及涉及敏感行业的项目；实行备案管理的范围是投资主体直接开展的非敏感类项目，即涉及投资主体直接投入资产、权益或提供融资、担保的非敏感类项目。由于游戏行业并非国家认定的敏感类项目，因此游戏企业在海外设立公司仅需要向发展改革相关部门进行备案即可。值得注意的是，根据 11 号文的规定："实行备案管理的项目中……投资主体是地方企业，且中方投资额 3 亿美元及以上的，备案机关是国家发展改革委；投资主体是地方企业，且中方投资额 3 亿美元以下的，备案机关是投资主体注册地的省级政府发展改革部门。"一般而言，游戏企业的投资额较少超过 3 亿美元，因此，备案机关通常为游戏企业注册地的省级政府发展改革部门。

就商务主管部门审批层面而言，企业海外投资适用《境外投资管理办法》（商务部令 2014 年第 3 号）。该办法第 6 条规定："商务部和省级商务主管部门按照企业境外投资的不同情形，分别实行备案和核准管理。企业境外投资涉及敏感国家和地区、敏感行业的，实行核准管理。企业其他情形的境外投资，实行备案管理。"第 9 条规定："对属于备案情形的境外投资，中央企业报商务部备案；地方企业报所在地省级商务主管部门备案。"同样地，由于游戏企业一般在新加坡等地设立海外公司，不涉及敏感国家和地区，同时游戏行业不属于敏感行业，因此在海外设立公司一般仅需向所在地省级商务主管部门备案。值得注意的是，《境外投资管理办法》第 16 条规定："自领取《证书》之日起 2 年内，企业未在境外开展投资的，《证书》自动失效。如需再开展境外投资，应当按照本章程序重新办理备案或申请核准。"在司法实践中，笔者经常遇到游戏公司申请备案超过两年后才启动设立海外公司项目，由于游戏公司并未关注《企业境外投资证书》的有效性问题，所以导致其失效的情况屡见不鲜。

就外汇管理局审批层面而言，《国家外汇管理局关于进一步简化和改进直接投资外汇管理政策的通知》（汇发〔2015〕13 号）规定："已经取得外汇局金融机构标识码且在所在地外汇局开通资本项目信息系统的银行可直接通过外汇局资本项目信息系统为境内外商投资企业、境外投资企业的境内投资主体办理直接投资外汇登记。"因此，在司法实践中，游戏企业如欲设立海外公司，在通常情况下只需与所在地取得外汇局金融机构标识码且在所在地外汇局开通资本项目信息系统的银行对接，提交"境外直接投资外汇登记业务申请表"、营业执照或注册登记证明、组织机构代码证（如多个境内机构共同实施一项境外直接投资的，应提交各境内机构的营业执照或注册登记证明、组织机构代码证）及商务主管部门颁发的《企业境外投资证书》等材料即可。

2.2.2　以厦门游戏企业境外直接投资的基本流程为例

由于笔者的工作地点在厦门，我们长期为厦门的游戏企业提供设立海外公司的相关法律服务，因此以厦门游戏企业境外直接投资的流程为例做进一步说明。

11 号文第 7 条规定："国家发展改革委建立境外投资管理和服务网络系统（以下称'网络系统'）。投资主体可以通过网络系统履行核准和备案手续、报告有关信息。"《境外投资管理办法》第 8 条规定："商务部和省级商务主管部门通过'境外投资管理系统'（以下简称'管理系统'）对企业境外投资进行管理，并向获得备案或核准的企业颁发《企业境外投资证书》。"因此，在一般情况下，厦门的游戏公司如果拟在海外设立公司，可在商务部网站的商务部业务系统统一平台及全国境外投资管理和服务网络系统上同时进行网上申请备案，待预审和受理通过后可领取《企业境外投资证书》，并到窗口领取核验纸质材料。游戏企业在商务部及国家发改委相关部门完成海外投资备案后，再向银行进行外汇登记。如果游戏企业前期费用累计汇出超过人民币 300 万元或超过中方投资总额的 15%，那么承办银行将上报外汇管理局做进一步审批；如果游戏企业前期费用累计汇出未超过人民币 300 万元且未超过中方投资总额的 15%，那么承办银行可进行审批。厦门游戏企业海外直接投资的基本流程如图 2.2 所示。

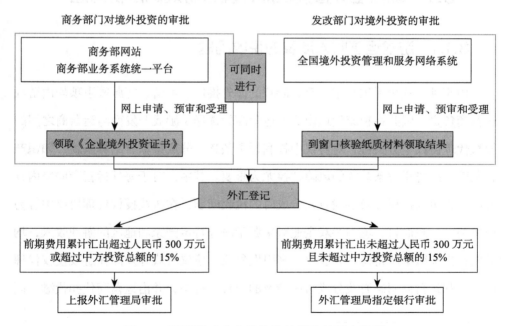

图 2.2 厦门游戏企业境外直接投资的基本流程

注：上图系中方投资额在 3 亿美元以下的非敏感类项目。

第 3 章　游戏出海的涉税问题

在海外发行游戏的涉税问题包括境内主体直接在海外发行游戏的涉税问题和设立海外公司发行游戏的涉税问题两种。

3.1　境内主体直接在海外发行游戏的涉税问题 ●

3.1.1　游戏运营收入涉及的税收问题

由于独家代理无须自主运营，游戏的海外推广、运营、客服等事项均由游戏运营商负责，因此在独家代理模式下运营商的选择及游戏开发商与运营商之间的授权代理协议十分关键，对协议中权利授予条款、分成条款、结算条款、知识产权条款、跨境税收条款等的风险把控尤为重要。其中，对于海外运营商向境内开发商支付游戏授权金及游戏收入分成时的税收问题，在游戏授权代理协议中容易被忽略。一般而言，境内游戏企业对来源于海外特定国家和地区的游戏收入，均需要在当地缴纳所得税。为避免将来引发争议，建议游戏开发商在游戏授权代理协议中和运营商明确游戏分成可能涉及的税种、税率，并由运营商代扣代缴，同

● 李金招，陈乙捷 . 境内主体直接在海外发行游戏的涉税问题 [EB/OL].（2019-05-23）[2023-08-17].
https://mp.weixin.qq.com/s/oKq3PeF-HpxNXTMXOki58Q.

时应当将相应的扣税凭证交给授权方，以便授权方在中国境内申报税收时进行相应抵扣（尤其是与中华人民共和国签署相应税收双边协定的地区）。

游戏企业通过 App Store、Google Play 等第三方平台自主运营，由于这些第三方平台的政策相对透明，渠道费用、分成比例及支付方式相对公开，因此在与 App Store、Google Play 合作时游戏分成的支付及税收会相对透明。

3.1.2　游戏运营支出涉及的税收问题

游戏公司除了在 App Store、Google Play 等应用商店上线产品之外，一般还可与 Facebook 或者当地的广告商、广告代理商对游戏产品进行合作推广，在游戏本地化过程中对游戏文本进行翻译时也会与当地的翻译机构进行合作。在与海外主体合作的过程中，会涉及境内主体向海外主体付款时承担跨境税收代扣代缴义务，如处理不当，境内主体可能会遇到极大的税务行政风险。

1. 代扣代缴增值税

《营业税改征增值税试点实施办法》第 6 条规定：“中华人民共和国境外（以下称‘境外’）单位或者个人在境内发生应税行为，在境内未设有经营机构的，以购买方为增值税扣缴义务人。财政部和国家税务总局另有规定的除外。”根据该实施办法第 13 条规定，境外单位或者个人向境内单位或者个人销售完全在境外发生的服务不属于在境内销售服务或者无形资产，所以无须在境内缴纳增值税。

《营业税改征增值税试点实施办法》的上述规定表明：境外单位在中国境内没有设立经营机构或者没有代理人的，在向境内单位提供服务时，如果服务属于完全在境外发生的，则不需要在中国境内缴纳增值税；如果境外单位提供的服务不属于完全在境外发生的，则需要境内单位为境外单位代扣代缴增值税。

（1）完全在海外发生的服务认定。例如，美国的一家咨询公司为德国的一家公司提供咨询服务，可以认定该服务为完全在海外发生。在判定是否完全在海外发生的服务时，应考虑提供服务地、实际消费服务地等因素。例如，海外主体为境内主体提供游戏产品广告投放服务，当该服务项下的广告投放地全部位于海外，并且该游戏也没有在境内发行运营时，一般可以认定该服务为完全发生在海外的服务。

（2）不属于完全在海外发生的服务认定。例如，海外一家咨询公司与中国境内某一公司签订咨询合同，就该境内公司开拓国内外市场进行实地调研，并提出合理化管理建议，海外咨询公司所提供的咨询服务同时在境内和海外发生，属于在境内提供服务。

在实际操作中，对于与海外公司的合作是否为完全在海外发生的服务认定，一般来说需要结合当时合作的具体情况，与税务机关进行确认后（注意保存税务机关确认过程的证据），再向海外公司支付相关费用，否则很有可能发生境内公司已向海外公司全额支付费用，之后税务机关在检查中发现该类服务，让境内公司补缴应代扣代缴的增值税，这时再向海外公司追回这笔费用是存在一定困难的。

2. 代扣代缴企业所得税

《中华人民共和国企业所得税法》第3条第3款规定："非居民企业在中国境内未设立机构、场所的，或者虽设立机构、场所但取得的所得与其所设机构、场所没有实际联系的，应当就其来源于中国境内的所得缴纳企业所得税。"《中华人民共和国企业所得税法实施条例》第91条规定："非居民企业取得企业所得税法第27条第（5）项规定的所得，减按10%的税率征收企业所得税。"

上述规定表明：对于没有在中国境内设立机构、场所的非居民企业（如海外公司），应当就其来源于中国境内的所得缴纳企业所得税。对于海外公司来源于中国境内的所得应缴纳的企业所得税，实行源泉扣缴，以支付人为扣缴义务人。换言之，中国境内公司在向海外公司支付费用的时候，需要为海外公司代扣代缴应在中国境内缴纳的企业所得税。因此，是否需要为海外公司代扣代缴企业所得税的关键在于判断海外公司所得是否来源于中国境内。

《中华人民共和国企业所得税法实施条例》第 15 条规定："企业所得税法第 6 条第（2）项所称提供劳务收入，是指企业从事建筑安装、修理修配、交通运输、仓储租赁、金融保险、邮电通信、咨询经纪、文化体育、科学研究、技术服务、教育培训、餐饮住宿、中介代理、卫生保健、社区服务、旅游、娱乐、加工以及其他劳务服务活动取得的收入。"在游戏行业中，海外公司为中国境内游戏开发商提供的服务多数是"提供劳务收入"的。

提供劳务所得根据劳务发生地确定是否为来源于中国境内的所得。劳务行为既包括部分工业生产活动，又包括商业服务行为，其所得根据劳务行为发生地确定是来源于中国境内还是海外。比如，海外机构为中国境内居民提供金融保险服务，向境内居民收取保险费，则应认定其为来源于中国境内的所得。

在实际操作过程中，中国境内游戏开发商可根据所得税的相关规定对海外公司是否有来源于境内的所得做出基本判断。一般来说，不需要代扣代缴增值税的交易，也不需要代扣代缴企业所得税，但是为了保险起见，在向海外公司付款前需要向税务机关确认是否需要代扣代缴增值税、企业所得税。同时，在签署合作协议的时候，游戏开发商需要和海外公司明确约定，如果中国境内税务机构要求境内付款方为海外收款主体代扣代缴增值税、企业所得税（预提所得税），那么境内付款方有权在代扣代缴相关税收后将余款支付给海外收款主体。

3.2 设立海外公司发行游戏的涉税问题 ●

在设立海外子公司的情况下，海外子公司和中国境内母公司之间可能存在相应的款项往来。此时，涉及的问题主要有转让定价及海外子公司利润留存的所得税。以 A 公司在新加坡设立子公司为例，其与子公司之间款项往来的基本架构如图 3.1 所示。

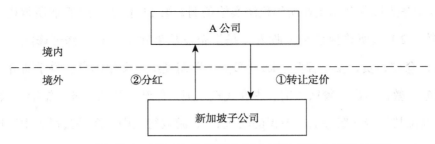

图 3.1 中国境内母公司与海外子公司之间款项往来的基本架构

3.2.1 转让定价

转让定价是指关联企业之间在销售货物、提供劳务、转让无形资产等时制定的价格。例如，由于 A 公司与新加坡子公司之间存在共同的股权控制关系，A 公司授权新加坡子公司许可使用游戏，向新加坡子公司收取授权费的交易价格，在税务机关看来，该交易价格并非根据独立竞争的市场原则确定，因此产生了转让定价的问题。

1. 转让定价安排的成因

如前所述，A 公司通过调高或者调低与新加坡子公司之间的交易价格，可

● 李金招，陈乙捷. 设立境外公司发行游戏的涉税问题 [EB/OL]. （2019-06-07）[2023-08-17]. https://mp. weixin.qq.com/s/rme7cmA2BtjyBM4ekbOPvQ.

以实现公司整体利益或经营目标策略的最大化。由于各国税率水平高低不一，税基的计算规定差异较大，所以国际关联企业之间通过转让定价将高税率国家的企业利润转移到低税率国家的企业，避免在高税率国家的企业承担较高的税收，从而使整体税负降低。各国税法管制的主要是国际关联企业之间基于税收方面的动机滥用转让定价避税的行为。

除了税收方面的考虑外，国际关联企业之间进行转让定价还可能是由于正常的商业目的和经营策略需要。因此，国际关联企业之间转让定价本身是一个中性概念，其与国际避税的概念并非相同，不是所有转让定价安排都是基于规避税收，或者实现利润转移或利润最大化的目的。

2. 税法对转让定价的规制

虽然实施转让定价安排的动机有不同情形，但国际关联企业之间内部交易确定的转让价格如果背离了市场竞争情况下的正常交易价格，那么客观上都会造成利润在不同国家的企业之间转移，从而影响利润被转出国家的所得税税基，损害该国政府的税收利益。若 A 公司以低于独立的交易价格授权海外公司运营游戏，那么结果会导致 A 公司的利润被转移至海外，因此 A 公司可能会被税务机关进行特别纳税调查。

（1）税务机关重点关注的企业。根据中国转让定价规定，转让定价的相关审计可以由税务机关发起。相较于其他企业，具有关联交易金额较大或者类型较多，存在长期亏损、微利或者跳跃性盈利，低于同行业利润水平，利润水平与其所承担的功能风险不相匹配或者分享的收益与分摊的成本不相匹配，与低税国家或地区关联企业发生关联交易等特点的企业，更可能成为转让定价的调查对象。

（2）独立交易原则。在对企业进行转让定价特别纳税的时候，税务机关需遵循独立交易原则。税务机关认为，企业与其关联方之间的业务往来不符合独立交易原则的，则有权综合考虑交易时的经营策略、经济环境、合同条款、交易各方承担的成本及交易商品本身的一些特性等因素进行分析，按照合理的方法调整。合理的方法包括按照没有关联关系的各交易方进行相同或类似业务往来时的价格或者取得的利润进行定价，按照海外公司再次销售运营游戏的利润进行定价，按照关联企业之间各自的成本费用分配利润进行定价等。

对于无形资产如何适用独立交易原则，税务机关会着重考察无形资产的类别、用途、适用行业、预期收益，以及无形资产的开发投资、转让条件、独占程度、可替代性、受有关国家法律保护的程度及期限、地理位置、使用年限、研发阶段、维护改良及更新的权利、受让成本和费用、功能风险情况、摊销方法及其他影响其价值发生实质变动的特殊因素等。

根据独立交易原则确定关联企业之间的交易价格，在执行过程中存在一些困难。首先，执行独立交易原则，要求将关联企业的内部交易与市场上独立企业之间的相同或类似交易进行比较。由于游戏公司的技术研发水平、运营推广能力及游戏产品的市场知名度、用户量等方面不同，所以找到相同或类似的游戏公司之间进行的类似交易比较困难。特别是对于授权运营游戏等知识产权的交易，难以对关联企业之间授权许可应收取的特许权使用费进行定价，因此在执行和适用独立交易原则时存在一定困难。其次，需要对比不同游戏公司之间游戏产品授权许可的交易价格，税务机关需要收集大量发生交易时的有关市场行情和交易数据资料，并进行复杂的可比性分析。对税务机关来说，这也是一种负担。

3. 违背转让定价独立交易原则的结果

若税务机关出具《特别纳税调查调整通知书》，那么企业需要按照《特别纳税调查调整通知书》补缴税款、利息及滞纳金。特别纳税调整补缴税款的利息及滞纳金的计算方法如下。

一是若企业在《特别纳税调查调整通知书》送达前缴纳或者送达后补缴税款，应当自税款所属纳税年度的次年 6 月 1 日起至缴纳或者补缴税款之日止，按照税款所属纳税年度央行同期贷款利率（即基准利率）加 5 个百分点补缴利息。

二是若企业超过《特别纳税调查调整通知书》中的补缴税款期限仍未缴纳税款，应自税款所属纳税年度的次年 6 月 1 日起至补缴税款期限届满之日止，按上述计算方法补缴利息，同时应当自补缴税款期限届满次日起按照日 5‰ 补缴滞纳金，在补缴滞纳金期间不再补缴利息。

不过，若纳税义务人按照税务机关的要求准备并提供相关同期资料及其他资料，则可仅按基准利率补缴利息计算应补缴税款和利率，而无须缴纳滞纳金。

需要特别注意的是，税务机关进行特别纳税调整的时间较易发生在数年甚至数十年后，此时利息金额甚至可能比应补缴税款还高。

4. 如何应对转让定价的风险

申请预约定价安排是一种主要且能直接减少实际或潜在的转让定价争议的方式。预约定价安排是针对关联交易金额 4000 万元人民币以上，纳税人及相关税务机关之间就关联企业的转让定价安排找到适宜的方法所预先达成的协议。申请预约定价安排的优点是企业可就其内部交易及税务义务获得一定的确定性，并且企业与税务部门可就公平交易原则的具体适用形成一致的理解和观点。

保存恰当的同期资料作为企业转让定价的支撑文件，用于证明主体之间对交易的分工安排及风险分担有真实目的。在发生重大变化时，企业也应当对同期资料进行审阅并做出调整，以确保价格的调整是适宜的。

企业在面临转让定价审计或调查时应做好充分的准备。转让定价案件涉及繁杂的工作，其中几乎不存在非黑即白的绝对化判断规则，无论税务机关还是纳税人均难以判断定价策略是否符合公平交易原则及应如何调整定价。企业面临转让定价审计或调查时，务必充分利用已有资源，包括从相关职能部门中挑选合适人员组建专门团队以配合税务机关的审计或调查，同时在与税务机关进行谈判时应征求外部税务法律顾问、财务顾问的意见并协助其尽可能使调查得以顺利进行。

3.2.2　海外公司适用的税收制度

在设立海外公司时，基于税收筹划，游戏开发商或者其实际控制人、关联方往往会选择在开曼群岛（Cayman Islands）或英属维尔京群岛（The British Virgin Islands，BVI）设立一层主体架构，然后通过该架构持有如在新加坡子公司的 100% 股权。在此架构下，新加坡子公司经营所得的分红可以被留存在开曼或 BVI 公司，从而达到延缓纳税的目的。这种基本架构（见图 3.2）也会对中国的税基产生影响。

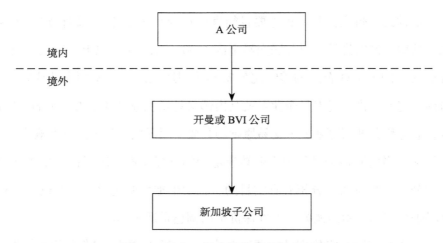

图 3.2　设立一层主体架构的基本架构

根据《中华人民共和国企业所得税法》第45条规定："由居民企业，或者由居民企业和中国居民控制的设立在实际税负明显低于本法第四条第一款规定税率水平的国家（地区）的企业，并非由于合理的经营需要而对利润不作分配或者减少分配的，上述利润中应归属于该居民企业的部分，应当计入该居民企业的当期收入。"

　　《中华人民共和国个人所得税法》第8条规定，居民个人控制的，或者居民个人和居民企业共同控制的设立在实际税负明显偏低的国家（地区）的企业，无合理经营需要，对应当归属于居民个人的利润不作分配或者减少分配的，税务机关有权按照合理方法进行纳税调整。

　　因此，在我国税法语境下，受控外国企业适用的税收制度是当境内居民企业或者个人通过选择在税负低的国家或地区设立C公司，并将从境内居民企业或个人通过一层主体架构控制的海外B公司获取的分红留存在C公司时，中国税务机关有权将故意留存在低税率国家或地区的利润视为公司的利润，公司需要就该部分利润在中国缴纳企业所得税。不过，如果企业在低税率国家或地区留存的利润主要是为了进行生产经营或者年度利润总额低于500万元人民币，那么不要求留存在低税率国家或地区未分配的利润在尚未分配的时候缴税。

第 4 章　游戏出海中的知识产权风险防控

　　长期以来，互联网游戏行业生态中存在一定竞争，各种竞争手段层出不穷。此前，因为一些游戏企业的违规行为，许多国家已有不少应用在海外遭遇用户抵制，甚至被软件商店下架，如 2015 年年底 Google Play 为严厉打击涉及侵权和作弊的游戏产品，仅在东南亚地区就有数百款游戏被下架，其中主要的原因就是侵权、抄袭等违规行为。因此，知识产权保护在境内游戏出海过程中具有极其重要的作用。

4.1　知识产权概述

　　知识产权是民事主体所享有的支配创造性智力成果、商业标志以及其他具有商业价值的信息并排斥他人干涉的权利。❶知识产权主要包括专利权、商标权、著作权等。知识产权的客体有作品、发明、商标、商业秘密、地理标志等。直到 19 世纪才开始使用"知识产权"这个术语，20 世纪后期该术语才开始在世界大多数地方普及。❷

---

❶ 张玉敏．知识产权的概念和法律特征 [J]．现代法学，2001（5）：103-110.

❷ Wikipedia：Intellectual Property [EB/OL]．（2022-06-29）[2023-03-22]. https://en.m.wikipedia.org/wiki/Intellectual_property.

在我国的知识产权立法体系（见表 4.1）中，以《中华人民共和国著作权法》《中华人民共和国专利法》《中华人民共和国商标法》构建的知识产权法律体系从 1983 年至 1990 年逐步建立，并在过去 30 余年中持续完善。

表 4.1　我国的知识产权立法体系

规范性文件名称	效力层级
《中华人民共和国著作权法》（2020 年 11 月修改）	法律
《中华人民共和国专利法》（2020 年 10 月修改）	法律
《中华人民共和国商标法》（2019 年 4 月修改）	法律
《中华人民共和国著作权法实施条例》（2013 年 1 月修改）	行政法规
《著作权集体管理条例》（2013 年 12 月修改）	行政法规
《实施国际著作权条约的规定》（2020 年 11 月修改）	行政法规
《计算机软件保护条例》（2013 年 1 月修改）	行政法规
《信息网络传播权保护条例》（2013 年 1 月修改）	行政法规
《计算机信息网络国际联网安全保护管理办法》（2011 年 1 月修改）	行政法规
《中华人民共和国计算机信息网络国际联网管理暂行规定》（1997 年 5 月修改）	行政法规
《中华人民共和国专利法实施细则》（2010 年 1 月修改）	行政法规
《专利代理条例》（2018 年 11 月发布）	行政法规
《中华人民共和国商标法实施条例》（2014 年 4 月修订）	行政法规
《国务院关于我国加入〈商标国际注册马德里协定〉的决定》（1989 年 5 月发布）	行政法规
《最高人民法院关于审理著作权民事纠纷案件适用法律若干问题的解释》（2020 年 12 月修改）	司法解释
《最高人民法院关于审理侵犯专利权纠纷案件应用法律若干问题的解释》（2009 年 12 月发布）	司法解释
《最高人民法院关于审理侵犯专利权纠纷案件应用法律若干问题的解释（二）》（2020 年 12 月修改）	司法解释
《最高人民法院关于审理商标案件有关管辖和法律适用范围问题的解释》（2020 年 12 月修改）	司法解释

续表

规范性文件名称	效力层级
《最高人民法院关于审理商标民事纠纷案件适用法律若干问题的解释》（2020 年 12 月修改）	司法解释
《最高人民法院关于审理侵害信息网络传播权民事纠纷案件适用法律若干问题的规定》（2020 年 12 月修改）	司法解释
《计算机软件著作权登记办法》（2002 年 2 月发布）	部门规章
《著作权行政处罚实施办法》（2009 年 5 月修改）	部门规章
《互联网著作权行政保护办法》（2005 年 4 月发布）	部门规章
《专利优先审查管理办法》（2017 年 6 月发布）	部门规章
《专利审查指南》（2020 年 12 月修改）	部门规章
《专利行政执法办法》（2015 年 5 月修改）	部门规章
《专利代理管理办法》（2019 年 4 月发布）	部门规章
《专利标识标注办法》（2012 年 3 月发布）	部门规章
《商标评审规则》（2014 年 5 月修订）	部门规章
《商标印制管理办法》（2020 年 10 月修订）	部门规章
《驰名商标认定和保护规定》（2014 年 7 月发布）	部门规章
《商标评审规则》（2014 年 5 月修订）	部门规章
《集体商标、证明商标注册和管理办法》（2003 年 4 月发布）	部门规章

在知识产权的国际条约中，有的称为"公约"（convention），有的称为"条约"（treaty），有的称为"协定"（agreement）或"议定书"（protocol），但其含义都属于国际条约。不过，这些国际条约中的部分缔约成员不是国家，而是国际组织或经济区。在已生效的知识产权国际多边条约中，我国加入了近 20 个条约。在这些条约中，最重要的是《建立世界知识产权组织公约》（*Convention Establishing the World Intellectual Property Organization*，WIPO 公约）和《与贸易有

关的知识产权协定》（*Agreement on Trade-Related Aspects of Intellectual Property Rights*，TRIPs）。❶ 中国已经加入的知识产权国际条约如表 4.2 所示。

表 4.2　中国加入的知识产权国际条约

知识产权国际条约名称	中国加入时间
《建立世界知识产权组织公约》（*Convention Establishing the World Intellectual Property Organization*，WIPO 公约）	1980 年
《保护工业产权巴黎公约》（*Paris Convention for the Protection of Industrial Property*，简称《巴黎公约》）	1985 年
《商标国际注册马德里协定》（*Madrid Agreement Concerning the International Registration of Marks*，简称《马德里协定》）	1989 年
《保护文学和艺术作品伯尔尼公约》（*Berne Convention for the Protection of Literary and Artistic Works*，简称《伯尔尼公约》）	1992 年
《世界版权公约》（*Universal Copyright Convention*）	1992 年
《保护录音制品制作者防止未经许可复制其录音制品公约》（*Convention for the Protection of Producers of Phonograms Against Unauthorized Duplication of Their Phonograms*，简称《录音制品公约》）	1993 年
《专利合作条约》（*Patent Cooperation Treaty*，PCT）	1994 年
《商标注册用商品和服务国际分类尼斯协定》（*Nice Agreement Concerning the International Classification of Goods and Services for the Purposes of the Registration of Marks*，简称《尼斯协定》）	1994 年
《国际承认用于专利程序的微生物保存布达佩斯条约》（*Budapest Treaty on the International Recognition of the Deposit of Microorganisms for the Purposes of Patent Procedure*，简称《布达佩斯条约》）	1995 年
《商标国际注册马德里协定有关议定书》（*Protocol Relating to the Madrid Agreement Concerning the International Registration of Marks*，简称《马德里议定书》）	1995 年
《建立工业品外观设计国际分类洛迦诺协定》（*Locarno Agreement Establishing an International Classification for Industrial Designs*，简称《洛迦诺协定》）	1996 年
《国际专利分类斯特拉斯堡协定》（*Strasbourg Agreement Concerning the International Patent Classification*，简称《斯特拉斯堡协定》）	1997 年

---

❶ 中国保护知识产权网 [EB/OL]. [2023-03-19]. http：//ipr.mofcom.gov.cn/zhuanti/law/conventions/right.html.

续表

知识产权国际条约名称	中国加入时间
《国际植物新品种保护公约》（*International Convention for the Protection of New Varieties of Plants*）	1999 年
《与贸易有关的知识产权协定》（*Agreement on Trade-Related Aspects of Intellectual Property Rights*，TRIPs）	2001 年
《世界知识产权组织版权条约》（*WIPO Copyright Treaty*，WCT）	2007 年
《世界知识产权组织表演和录音制品条约》（*WIPO Performances and Phonograms Treaty*，WPPT）	2007 年

4.2　游戏相关著作权的保护路径 ❶

4.2.1　游戏著作权的相关案例

1.《绝地求生：大逃杀》游戏著作权争议案

近年大火的游戏《绝地求生：大逃杀》（*Playerunknown's Battlegrounds*）的开发商韩国蓝洞公司在美国加利福尼亚北区联邦地区法院正式向网易公司提起诉讼，称网易公司旗下的手机游戏《荒野行动》与《终结者2》涉嫌侵犯其享有的《绝地求生：大逃杀》的著作权。

2.《炉石传说》与《卧龙传说》著作权不正当竞争纠纷案

被告上海游易网络科技有限公司开发的游戏《卧龙传说：三国名将传》整体抄袭了由暴雪娱乐公司开发、网易公司运营的游戏《炉石传说：魔兽英雄传》（*Hearthstone：Heroes of Warcraft*）。《卧龙传说：三国名将传》使用了与

---

❶ 李金招，陈乙捷. 游戏著作权的跨境保护 [EB/OL].（2019-01-24）[2023-08-17]. https://mp.weixin. qq.com/s/y0DaUq7bWbfYDo6irJCAYA.

《炉石传说：魔兽英雄传》相同的游戏规则，还在游戏标识、界面等对其进行全面的模仿。

4.2.2　著作权的性质及《伯尔尼公约》

根据《中华人民共和国著作权法》及我国已经加入的《伯尔尼公约》，"copyright"（"著作权"或"版权"）在我国的立法体系中一般称为"著作权"，它是一种"自然权利"，创作作品著作权的产生无须权力机关的登记或宣告，它在创作完成时自动产生，作者不必在遵守《伯尔尼公约》的国家注册或申请著作权。一旦作品被"固定"下来（无论是否发表、无论是否登记注册），作品的著作权即出现，作者即享有该作品的著作权。

截至 2021 年 3 月，共有 179 个国家或地区加入了《伯尔尼公约》❶，几乎覆盖了世界 80% 的国家或地区，已经包含我国大部分游戏公司出海发行的目标国家或地区。

在游戏行业中，所涉作品多为《中华人民共和国著作权法》第 3 条中的第（8）款计算机软件❷、第（4）款美术作品❸，以及第（6）款视听作品❹。此外，游戏的剧情剧本也可能形成独立著作权的文字作品（如剧本），游戏中的配乐也属于具有独立著作权的音乐作品。比如，在暴雪娱乐公司诉上海游易网络

---

❶《伯尔尼公约》最新成员国（2021 年）[EB/OL].（2021-03-13）[2023-03-22]. http：//www.fuxuelu.com/index.php?ac=article&at=read&did=3402.

❷ 游戏软件本身可以被视为计算机软件作品。

❸ 根据《中华人民共和国著作权法实施条例》，美术作品，是指绘画、书法、雕塑等以线条、色彩或者其他方式构成的有审美意义的平面或者立体的造型艺术作品。在游戏中，游戏人物形象设计、游戏场景设计、界面构图等部分可以单独成为具有著作权的美术作品。

❹ 根据《中华人民共和国著作权法实施条例》，电影作品和以类似摄制电影的方法创作的作品，是指摄制在一定介质上，由一系列有伴音或者无伴音的画面组成，并且借助适当装置放映或者以其他方式传播的作品。在游戏中，CG 动画产品、过场动画等部分可以单独成为具有著作权的电影或以类似摄制电影的方法创作的作品。

科技有限公司案中，法院就分别确认暴雪娱乐公司的游戏《炉石传说：魔兽英雄传》中的局部内容分别作为美术作品和视听作品加以保护。●

4.2.3　游戏中的美术作品、CG 动画（视听作品）、配乐（音乐作品）等的著作权保护

在《伯尔尼公约》缔约国发行游戏产品时，针对游戏产品中的美术作品、CG 动画（视听作品）、配乐（音乐作品）等，基于《伯尔尼公约》的国民待遇原则及自动保护原则，建议游戏公司整体把控知识产权风险，防范侵权。对此，游戏公司可采取以下措施，充分实现知识产权风险规避的目标。

（1）提前就拟采用的主要人物名称、主要人物形象、游戏内容排查侵权风险，使用他人作品需事先取得权利人的授权许可，确定不存在侵权内容后方可应用于游戏资源库。

（2）当游戏公司将美工、音乐等内容委托第三方开发时，在委托合同中要明确约定知识产权归属、委托内容不得侵犯第三方知识产权及出现侵权争议时责任承担的主体、方式等。

（3）游戏公司关于劳动人事方面对职务作品的约定应当从劳动合同、劳动人事制度、保密及竞业限制方面入手，对于员工在履行职务过程中利用游戏公司资源完成的该类作品应严格纳入游戏公司著作权属范围。

（4）建立游戏公司内部著作权登记制度及管理作品库。对于员工的职务作品、委托外部制作的作品、通过作品著作权授权许可使用合同获得使用权或其他权利的作品实施统一的公司内部著作权登记制度，登记留存公司享有著作

● 暴雪娱乐公司、上海网之易网络科技发展有限公司与上海游易网络科技有限公司侵害著作权纠纷案，上海市第一中级人民法院（2014）沪一中民五（知）初字第 23 号民事判决书。

权的作品相关信息，建立作品库，并定期委托公证机构对公司的作品库进行公证留存，以确保留存足够的证据证明游戏公司对作品的著作权。除直接委托公证机构外，目前一些公证处与软件公司合作开发的公证存证软件也可以为游戏公司建立作品库及相关存证提供支持。

此外，在非《伯尔尼公约》缔约国发行游戏产品时，应结合当地的著作权相关法律对其保护，并根据实际需要寻找当地合作方，如律师事务所、版权代办机构等第三方合作机构，其可提供一定支持。

4.2.4　游戏软件的著作权保护

不同于游戏数据库中的美术作品和视听作品，游戏软件作品是游戏产品的核心。根据我国已经加入的《与贸易有关的知识产权协定》，计算机程序，无论是源代码还是目标代码，都应作为《伯尔尼公约》项下的文字作品加以保护。《中华人民共和国著作权法》也专门规定了"计算机软件"属于作品的一类。

根据我国《计算机软件保护条例》第 5 条规定"中国公民、法人或者其他组织对其所开发的软件，不论是否发表，依照本条例享有著作权"，第 7 条规定"软件著作权人可以向国务院著作权行政管理部门认定的软件登记机构办理登记。软件登记机构发放的登记证明文件是登记事项的初步证明"。因此，作为游戏公司的核心资产，我们建议游戏公司在任何一款游戏软件完成后，均应当向中国版权保护中心申请计算机软件著作权登记。以软件著作权登记的方式对著作权进行确权，是行之有效的著作权处理方案。申请软件著作权登记时，需要提交软件源程序、文档或者样品进行封存。除软件著作权登记申请人或者司法机关外，任何人不得启封。对软件开发者来说，办理软件著作权登记虽然不是国家强制的政策，但是确实是有百利而无一害的。软件著作权登记的益处如下。

（1）软件著作权登记证书是在软件著作权发生争议时证明软件权利的有力证据。在进行诉讼或发生一般纠纷时，该证书都能起到很好的证明作用。但如果没有进行软件著作权登记，著作权人的权利就很难获得全面的保护。

（2）软件著作权登记证书是软件著作权人进行投资、交易的重要资本和财富，是知识产权的最好凭证。

（3）软件著作权登记证书有时还是企业在申请高新技术企业认定时非常重要的证明，能在一定程度上证明企业拥有核心自主知识产权，而这也是高新认定非常重要的部分。

（4）软件著作权登记证书是企业申请软件企业必不可少的证明材料。

（5）从（3）（4）可以看出，软件著作权登记证书也是企业享受国家税收减免、人才优惠等政策的条件。

4.3　游戏相关商标专用权的保护路径 ●

4.3.1　游戏商标相关案例

在 2010 年 10 月 22—23 日的暴雪嘉年华上，暴雪娱乐公司展示了基于《星际争霸Ⅱ：自由之翼》（*Starcraft II：Wings of Liberty*）平台开发的《遗迹保卫战》（*Defense of the Ancients*，DotA），并且命名为《暴雪遗迹保卫战》（*Blizzard DotA*），然而"DotA"商标已被维尔福公司（Valve Corporation）注册，因此导致暴雪娱乐公司开发的"DotA"涉嫌侵权，最终被迫改名。"DotA"本为《魔兽争霸Ⅲ：混乱之治》（*War Craft III：Reign of Chaos*）的角色扮演游戏地图，

● 李金招，陈乙捷.商标的跨境保护 [EB/OL].（2019-01-15）[2023-08-17]. https://mp.weixin.qq.com/s/-3ooWW1wBpCQLoRAjUsJcw.

可支持 10 个人同时连线游戏，是被暴雪娱乐公司官方认可的魔兽争霸的角色扮演游戏地图。而这张自定义对战地图的火爆程度一点也不输魔兽争霸的官方对战，它甚至将这款单机游戏的寿命大大延长了。

早在星际争霸时代便有人制作了现代 DotA 的雏形，将其命名为《万世之战》（Aeon of Strife），现在的 DotA 都是在此模式基础上不断完善的。到《魔兽争霸Ⅲ：混乱之治》时，一位游戏昵称为 Euls 的玩家做了第一张《魔兽争霸Ⅲ：混乱之治》的 DotA，不过这时的 DotA 并没有大范围流行起来。直到游戏设计师冰蛙（Ice Frog）从 6.10 版本开始接手，使得 DotA 风靡全球，因此很多人认为冰蛙是目前为止最好的 DotA 地图制作人，甚至认为冰蛙是《遗迹保卫战》的正统作者。●

2010 年 8 月，冰蛙加盟的维尔福公司抢先注册 "DotA" 的商标。众所周知，维尔福公司当时正在开发 DotA2，希望它的产品能够带来利润，因此将 "DotA" 独立注册商标。而由于维尔福公司注册了 "DotA" 商标，暴雪娱乐公司的 DotA 地图不得不改名为《暴雪全明星》（Blizzard All-Stars），所以这款游戏还未正式发布就不得不改名，处境尴尬。

正因为暴雪娱乐公司对 "DotA" 商标疏于管理和漠不关心，造成了其在游戏产品发布宣传上的巨大损失，由此可见商标保护的重要性。

4.3.2 《马德里协定》《马德里议定书》

根据《中华人民共和国商标法》，我国已经加入《马德里协定》及《马德里议定书》，一般情况下，自然人、法人或者其他组织在生产经营活动中，对其商

● 智信商标专利. 游戏圈著名游戏——DotA [EB/OL].（2018-06-22）[2022-03-14]. https：//mp.weixin.qq.com/s/G1PIWIn7Pd-fUbjwpqCbRQ.

品或者服务需要取得商标专用权（trademark rights）的，应当向有权机关申请商标注册。《马德里协定》的成员国国民，或在成员国有住所或真实、有效的营业所的非成员国国民，首先在其所属国或居住或设有营业所的成员国取得商标注册，然后通过该国商标主管机构向日内瓦的世界知识产权组织国际局申请商标的国际注册。一经该局批准，便予以公告并通知申请人希望取得商标权的指定成员国。指定成员国接到通知后应在 1 年内声明是否准予注册，不同意注册时应说明同样适用于该国商标的驳回理由。凡是在 1 年内未作声明的，可认为同意商标注册。经世界知识产权组织国际局注册的商标的有效期为 20 年，可以不限次数地续展。《马德里协定》还规定，取得国际注册的商标从取得注册之日起 5 日内被本国商标主管机构撤销其本国注册或宣告其本国注册无效的，则该商标在《马德里协定》其他成员国的注册也随之被撤销。

截至 2021 年 1 月，马德里联盟共有 107 个成员。值得注意的是，在境内游戏公司出海发行的目标国家或地区中，尤其在中东阿拉伯地区的非马德里联盟成员发行游戏时，应结合当地的商标相关法律予以保护。

4.3.3　我国的商标注册流程

在中国，由于商标专用权一般以注册为前提，因此企业一旦意欲使用某一商标，均应立即启动商标注册流程，以免产生后续商标被他人注册或无法注册的风险。目前，境内有诸多商标代理机构代理事项，从商标申请、商标复审（包括不予注册复审、撤销复审、无效宣告复审）到商标行政诉讼，已经形成流程化服务。

如图 4.1 所示，我国的商标注册可以由个人申请或商标代理组织代理，向国家知识产权局商标局提交申请书，通过形式审查、实质审查、初步审定公告、注册公告等主要流程注册，其中可能会出现各种问题，需要通过补正、复审、行政复议甚至行政诉讼等方式进行处理。

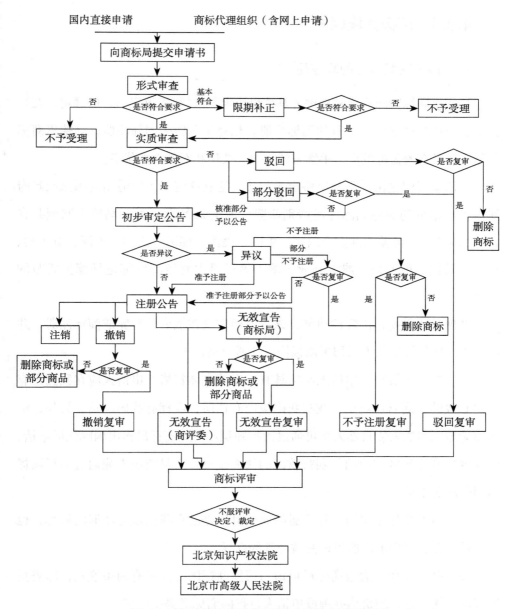

图 4.1　我国的商标注册流程（以北京市为例）

4.3.4 商标跨境保护

1. 马德里联盟商标国际注册

马德里商标国际注册是根据《马德里协定》《马德里议定书》的规定，在马德里联盟成员国之间所进行的商标注册。相对于单独去国外注册，马德里商标国际注册具有覆盖范围广、手续方便快捷、费用相对低廉的优点。

马德里联盟是由《马德里协定》和《马德里议定书》所适用的国家或政府间组织所组成的商标国际注册特别联盟。截至 2021 年 1 月，马德里联盟共有 107 个缔约方，覆盖 100 多个国家。中国、美国、德国、法国、英国、意大利、日本、韩国、俄罗斯、澳大利亚、瑞士等世界主要经济体都是马德里联盟的成员。

办理马德里商标国际注册前，该等商标应当在境内已经完成商标注册，并向中国商标局提出如下马德里商标国际注册申请。●

（1）申请人资格：申请人必须具有一定的主体资格。申请人应在我国设有真实有效的工商营业场所，或在我国境内有住所，或拥有我国国籍。另外，中国台湾地区的法人或自然人均可通过国家知识产权局商标局提出国际注册申请，但香港特别行政区和澳门特别行政区的法人或自然人目前还不能通过商标局提出国际注册申请。

（2）申请条件：申请国际注册的商标可以是已在我国获得注册的商标，也可以是已在我国提出注册申请并被受理的商标。

（3）办理途径：通过商标局申请马德里商标国际注册有两条途径，即委托国家认可的商标代理机构办理或申请人自行向商标局提交申请。

● 如何办理马德里商标国际注册申请 [EB/OL]. （2019-08-29）[2022-03-14]. https：// sbj.cnipa.gov.cn/sbj/gjzc/201908/t20190829_1081.html.

（4）办理步骤：准备申请书件→向商标局国际注册处提交申请书件→根据收费通知书的规定缴纳注册费用→领取国际注册证。

（5）受理机构：国家知识产权局商标局国际注册处；地址：北京市西城区茶马南街 1 号；邮编：100055。

（6）申请材料：马德里商标国际注册申请书；外文申请书（MM2 表格）；申请人资格证明文件，如营业执照复印件、居住证明复印件、身份证件复印件等；委托代理人的应附送代理委托书；指定美国的，一并提交 MM18 表格。

（7）缴纳规费：商标局收到手续齐备的申请书件之后，登记收文日期，编定申请号，计算申请人所需缴纳的费用，向申请人或代理人发出收费通知书。申请人或代理人应在收到收费通知书之日起 15 日内向商标局缴纳有关费用。商标局只有在收到如数的款项后，才会向世界知识产权组织国际局递交申请。如果申请人或代理人逾期未缴纳规费，那么商标局不受理其申请，并书面通知申请人。

（8）国际注册证的领取：世界知识产权组织国际局收到符合《商标国际注册马德里协定及其议定书共同实施细则》的国际注册申请后，即在国际注册簿上进行登记注册，并给商标注册申请人颁发国际注册证及通知各被指定缔约方商标主管机关。国际注册证由世界知识产权组织国际局直接寄送至商标局国际注册处，再由商标局国际注册处转寄给申请人或商标代理机构。应该注意的是，申请人填写的地址一定要清楚（可增加通信地址），如果申请人的地址有变动，那么应及时办理变更。

（9）注意事项：指定美国、日本、韩国、新加坡等国家的国际注册申请，经常收到这些国家的审查意见书或临时驳回通知书，对我国申请人的国际注册在时间和费用上造成一定损失。出现以上问题的原因是这些国家在加入马德里联盟时对《马德里协定》或《马德里议定书》的某些条款做了保留或声明，对马德里国际注册申请的某些要件进行审查时主要依据这些国家的法律和规定。因此，我们提醒申请人在填写外文申请表格时应注意以下内容。

一是企业性质一栏。美国要求必须填写，可接受法人组织（corporation）、非法人组织（unincorporated association）、合营企业（joint venture）或者合伙企业（paternership）等。

二是商标意译一栏。新加坡要求中文商标必须对汉字进行逐一翻译，商标整体也要说明有无含义；美国要求说明商标有无含义，是否表示地理名称，在相关的产品或服务行业中是否有特殊含义。

三是商品一栏。美国要求商品的申报必须符合其《可接受的商品和服务分类手册》（*Acceptable Identification of Goods and Services Manual*）的要求，马德里国际注册通用的《商标注册用商品和服务国际分类表》只作为参考。日本、韩国也有类似的要求。我们建议，指定美国、日本、韩国的申请人在填写外文表格（MM2 或 MM3）时，10（a）和 10（b）最好一起填写。10（b）一栏是在指定国家对商品做限制，即在不超出商品范围的情况下对商品做出删除或细化，如美国不接受"服装"，但是接受"服装，即衬衫、毛衣、风衣、裤子和运动外套"。

四是指定美国时，必须填写 MM18 表格。MM18 表格中"signature"一栏必须为个人签名，"signatory's name（printed）"一栏必须打印签字人姓名的拼音，"signatory's title"一栏必须打印签字人的职务。"date of execution（dd/mm/yyyy）"一栏日期的填写格式是日 / 月 / 年，如 2018 年 8 月 23 日应该填写为 23/08/2018。"information required by the international bureau"一栏关于世界知识产权组织国际局要求的信息也要一并填写。

国际注册有效期为 10 年，自国际注册日起计算，有效期满后如想继续使用的，应当续展注册。

马德里联盟商标国际续展注册、异议、注销等事宜具有一定复杂性，建议联系律师或专业的知识产权机构办理。

2. 非马德里联盟国家

在境内游戏公司出海发行的目标国家或地区中，在中东阿拉伯地区的非马德里联盟成员发行游戏时，应当结合当地的商标相关法律有针对性地予以保护。

4.4 避风港原则及侵权通知

4.4.1 避风港原则

避风港原则（Safe Harbor Provision）最早来自美国的《千禧年数字版权法》（*Digital Millennium Copyright Act*，DMCA），是指在发生著作权侵权时，当 ISP（网络服务提供商）只提供空间服务，并不制作网页内容，如果 ISP 被告知侵权，则有删除的义务，否则被视为侵权。如果侵权内容既不在 ISP 的服务器上存储，又没有被告知哪些内容应该删除，则 ISP 不承担侵权责任。❷

根据《千禧年数字版权法》规定，当 ISP 意欲适用避风港原则规避其著作权侵权责任时，应当同时满足如下 3 个条件。❸

（1）在事实上，ISP 并不知道使用系统或网络资料的材料或活动侵权；在上述事实的前提下，ISP 不了解侵权活动的事实或情况；在知悉潜在侵权事宜

---

❶ 李金招，陈乙捷. 避风港原则及侵权通知——境内游戏出海发行的风险防控 [EB/OL]. （2019-01-05）[2023-08-17]. https://mp.weixin.qq.com/s/3pFwn-EqT7uiSNIYTZKDaw.

❷ Digital Millennium Copyright Act [EB/OL]. （1998-10-28）[2023-07-18]. https://www.congress.gov/105/plaws/publ304/PLAW-105publ304.pdf.

❸ Digital Millennium Copyright Act [EB/OL]. （1998-10-28）[2023-07-18]. https://www.congress.gov/105/plaws/publ304/PLAW-105publ304.pdf.

相关情况后，在 ISP 有权和能力控制此类活动的情况下，ISP 迅速采取行动，删除或禁止访问该材料。

（2）ISP 不直接归因于侵权活动获取经济利益。

（3）在收到第③款所述的侵权通知后，ISP 迅速回复，并且删除或禁止访问被声称侵权或将成为侵权活动主体的材料或禁止被声称侵权的行为。

自 2006 年 7 月 1 日起实施的《信息网络传播权保护条例》确立了我国信息网络领域的"避风港原则"。《信息网络传播权保护条例》中关于避风港原则条款的内容见表 4.3。

表 4.3　我国《信息网络传播权保护条例》中的避风港原则

条款	内容
第 14 条	对提供信息存储空间或者提供搜索、链接服务的网络服务提供者，权利人认为其服务所涉及的作品、表演、录音录像制品，侵犯自己的信息网络传播权或者被删除、改变了自己的权利管理电子信息的，可以向该网络服务提供者提交书面通知，要求网络服务提供者删除该作品、表演、录音录像制品，或者断开与该作品、表演、录音录像制品的链接。通知书应当包含下列内容： （一）权利人的姓名（名称）、联系方式和地址； （二）要求删除或者断开链接的侵权作品、表演、录音录像制品的名称和网络地址； （三）构成侵权的初步证明材料。 权利人应当对通知书的真实性负责
第 20 条	网络服务提供者根据服务对象的指令提供网络自动接入服务，或者对服务对象提供的作品、表演、录音录像制品提供自动传输服务，并具备下列条件的，不承担赔偿责任： （一）未选择并且未改变所传输的作品、表演、录音录像制品； （二）向指定的服务对象提供该作品、表演、录音录像制品，并防止指定的服务对象以外的其他人获得
第 21 条	网络服务提供者为提高网络传输效率，自动存储从其他网络服务提供者获得的作品、表演、录音录像制品，根据技术安排自动向服务对象提供，并具备下列条件的，不承担赔偿责任： （一）未改变自动存储的作品、表演、录音录像制品； （二）不影响提供作品、表演、录音录像制品的原网络服务提供者掌握服务对象获取该作品、表演、录音录像制品的情况； （三）在原网络服务提供者修改、删除或者屏蔽该作品、表演、录音录像制品时，根据技术安排自动予以修改、删除或者屏蔽

续表

条款	内容
第22条	网络服务提供者为服务对象提供信息存储空间，供服务对象通过信息网络向公众提供作品、表演、录音录像制品，并具备下列条件的，不承担赔偿责任： （一）明确标示该信息存储空间是为服务对象所提供，并公开网络服务提供者的名称、联系人、网络地址； （二）未改变服务对象所提供的作品、表演、录音录像制品； （三）不知道也没有合理的理由应当知道服务对象提供的作品、表演、录音录像制品侵权； （四）未从服务对象提供作品、表演、录音录像制品中直接获得经济利益； （五）在接到权利人的通知书后，根据本条例规定删除权利人认为侵权的作品、表演、录音录像制品
第23条	网络服务提供者为服务对象提供搜索或者链接服务，在接到权利人的通知书后，根据本条例规定断开与侵权的作品、表演、录音录像制品的链接的，不承担赔偿责任；但是，明知或者应知所链接的作品、表演、录音录像制品侵权的，应当承担共同侵权责任
第24条	因权利人的通知导致网络服务提供者错误删除作品、表演、录音录像制品，或者错误断开与作品、表演、录音录像制品的链接，给服务对象造成损失的，权利人应当承担赔偿责任
第25条	网络服务提供者无正当理由拒绝提供或者拖延提供涉嫌侵权的服务对象的姓名（名称）、联系方式、网络地址等资料的，由著作权行政管理部门予以警告；情节严重的，没收主要用于提供网络服务的计算机等设备

侵犯信息网络传播权的纠纷往往涉及金额很少，在现实中缺乏通过行政或者司法程序解决的必要性。因此，《信息网络传播权保护条例》参考国际通行做法，建立了处理侵权纠纷的"通知与必要措施"简便程序：权利人认为网络上的作品侵犯其权利或者删除、改变了权利管理电子信息，可以书面通知要求网络服务提供者删除该作品或者断开与该作品的链接；网络服务提供者根据权利人的书面通知，立即删除涉嫌侵权的作品或者断开与该作品的链接，并转告服务对象；服务对象认为其提供的作品未侵犯他人权利，提出书面说明要求恢复的，网络服务提供者立即恢复被删除的作品，还可以恢复与该作品的链接，同时转告权利人；权利人不得再通知网络服务提供者删除该作品或者断开与该作品的链接。

4.4.2　侵权通知

网络游戏在海外发行时将大量地被 Facebook、Google Play、推特（Twitter）等社交平台宣传推广，因此游戏中的人物设计、音乐、CG 动画、故事情节等元素经常被暴露在公共场所，很容易被竞争对手盗取使用，甚至用于宣传竞品。

笔者在工作中，曾经遇到委托人自己制作的多部 CG 动画被其他同类游戏的运营商加工处理后发布在 Facebook 上用于宣传推广竞品。笔者的经验是可以通过适用 DMCA 向 Facebook 致送侵权通知，并经反复沟通后对该类著作权侵权事宜进行化解处理。

ISP 作为游戏运营方，在运营游戏中不可避免地会出现玩家发布信息并造成潜在的著作权侵权可能。作为 ISP，应在游戏发行时注意相应避风港原则的可行性，如在游戏中提供侵权投诉系统，玩家可通过填写表单完成侵权通知的发送，也可在游戏玩家可以明确接触的界面范围内提供接收侵权通知的邮箱、地址或者其他联系方式。同时，应注意对用户的相关信息进行收集，以免在接到侵权通知后因无法提供侵权方主体信息而遭受连带责任，但收集信息时也应当注意符合发行所在国的信息收集和用户隐私法律（如欧盟的《通用数据保护条例》大大减少 ISP 对用户个人数据收集的权限并赋予其更多的义务）及游戏本身的隐私政策等。

目前，手机游戏发布的两大平台——App Store、Google Play，均由注册于美国的实体运营，Facebook、Twitter 等社交平台也为美国运营实体，都需遵守美国法律。DMCA 是游戏公司用于保护用户和自我保护的重要法律工具。

第 5 章　游戏分级制度的合规要求

5.1　游戏分级制度概述

　　游戏分级制度是一种用于对电子游戏进行分级，以适配不同年龄段的游戏玩家的分级制度。电子游戏分级制度可作为法律依据，用于规范和监督游戏销售商或游戏应用商店，以限制将成年人游戏售卖给未成年人等情况。在游戏出海的情况下，游戏分级实际上是游戏本地化的组成部分。当我国境内游戏公司准备在其他国家或地区发行、运营游戏时，需要遵循当地的游戏分级制度，如修改游戏内容、设置不同年龄段的游戏玩家门槛、设置游戏时间长短等。

　　虽然各国的法律法规、教育、文化存在差异，不同国家的游戏分级制度存在一定差别，但总体上各国对游戏分类评级的原则和方法基本是相似的。负责对游戏分级的一般是政府机构或者非官方组织，它们对不同国家和地区的游戏作品内容制定分级原则、确定分级标准，其通常的做法是根据不同游戏玩家的年龄段为每款游戏设计分级级别。政府机构或者非官方组织还会检查每款游戏的内容，并为游戏分级添加内容描述符。一些国家对游戏分级有强制要求的，游戏分级可具有法律约束力，以达到防止未成年人接触暴力、血腥甚至色情游戏以保护其身心健康的目的。

　　游戏分级和内容描述符与电影内容的分级和描述系统十分相似，大致包括年龄分级、内容分级及特殊情形预警。年龄分级是将内容划分为适合不同年龄段的级别，大致可分为儿童、成熟青少年及成人三个级别。游戏分级有许多不同的描述符，通常用于标识可能会对儿童产生不良影响的内容。如果一个游戏的内容描述符为"暴力"，则表示该游戏存在某种暴力倾向。内容描述符为"血腥"的游戏可能会出现逼真的血腥画面，也可能是在游戏中从远处看到一小片血色。特殊情形预警标示一些可能情形以供消费者购买时参考，如"在线玩游戏期间内容可能会更改"的警告，即表示游戏的设置是一个在线虚拟世界，随着时间的推移不同的玩家可能会影响环境和游戏活动。由于在线游戏允许玩家以多种方式影响游戏玩法，因此游戏开发商无法保证某些用户不会生成引发他人反感的游戏内容。

5.2　主要的游戏分级组织

5.2.1　日本的游戏分级组织 ●

（1）计算机娱乐评级机构（CERO）是一家对日本的电子游戏和 PC 游戏进行分级的机构，通过分级标识告知用户产品性质及适用年龄。它成立于 2002 年，是计算机娱乐供应商协会（CESA）的一个分支，并于 2003 年成为正式被认可的非营利组织，目前有 5 种年龄分级和 9 类内容描述符。

（2）计算机软件伦理机构（EOCS）是日本 PC 游戏的分级机构，于 1992 年成立，于 2009 年变更为一般社团法人。该机构还致力于为其所代表的公司打击对 PC 游戏的侵权行为。

（3）日本内容审查中心（JCRC）是一个非官方组织，主要针对成人游戏。

● 电子游戏分级制度 [EB/OL].（2023-05-19）[2023-07-18]. https://zh.m.wikipedia.org/zh-hans/ 电子游戏分级制度 .

5.2.2　韩国的游戏分级组织

（1）游戏分级管理委员会（GRAC）是韩国文化体育观光部的下设机构，负责对韩国游戏进行分类评级，属于公共审查机构，对游戏目标年龄的限制较严格。❶

（2）游戏内容分级委员会（GCRB）是一家第三方非营利性评级机构。❷

5.2.3　伊朗的游戏分级组织 ❸

娱乐软件分级协会（ESRA）是一个非官方组织，于 2007 年由伊朗游戏基金会设立，负责审查在伊朗上架销售的电子游戏，现行等级分为 5 个。ESRA 通常对游戏作品的审核评级时间为两周，评级达标后游戏才能正常发行。

5.2.4　美国、加拿大的游戏分级组织 ❹

娱乐软件分级委员会（ESRB）是一个非官方组织，于 1994 年由娱乐软件协会（ESA）在 1993 年美国国会关于电子游戏的听证会影响下创立，主要针对北美销售的电子游戏和其他娱乐软件。

5.2.5　欧洲的游戏分级组织 ❺

（1）泛欧洲游戏信息组织（PEGI）主要针对欧盟成员国的 31 个国家。

---

❶ GRAC [EB/OL].（2022-08-13）[2023-03-24]. https://www.grac.or.kr/English/default.aspx.

❷ About GCRB [EB/OL].（2022-08-13）[2023-03-24]. https://www.gcrb.or.kr/English/default.aspx.

❸ 娱乐软件分级协会 [EB/OL].（2022-10-14）[2023-03-24]. https://zh.m.wikipedia.org/zh-hans/ 娱乐软件分级协会 .

❹ 娱乐软件分级委员会 [EB/OL].（2022-10-14）[2023-03-24]. https://zh.m.wikipedia.org/zh-hans/ 娱乐软件分级协会 .

❺ 电子游戏分级制度 [EB/OL].（2023-05-19）[2023-07-18]. https://zh.m.wikipedia.org/zh-hans/ 电子游戏分级制度 .

（2）德国娱乐软件检验局（USK）是德国的公共审查机构。

（3）英国电影分级委员会（BBFC）是英国的公共评审机构。在英国，部分游戏分级不采用 PEGI 评级，而是采用 BBFC 评级。

（4）芬兰电影分级委员会（VET 或 SFB）是芬兰的公共评审机构。根据法律修订，芬兰于 2007 年将审查权限委托给 PEGI。

5.2.6　大洋洲的游戏分级组织 ●

（1）澳大利亚分级委员会（ACB）是由澳大利亚政府设立的公共评审机构。

（2）电影与文学分类办公室（OFLC）是由新西兰政府设立的审查机构。

5.3　游戏分级制度的审核项目

游戏出海面临的海外游戏分级制度审核项目（见表 5.1）主要包括以下方面。

（1）色情包括提及对性行为的明确描述、可能含有裸露身体的游戏画面及内容。

（2）暴力包括涉及侵略性冲突的场景，如血腥场景、武器、身体伤害和死亡描述等游戏画面及内容。

（3）恐怖包括涉及恐怖、恐吓、威胁等的游戏画面及内容。

（4）粗鄙言语包括提及不适当的语言，如性、脏话、粗鄙或辱骂性言语等游戏画面及内容。

（5）酒精、烟草、药物，即涉及酒精饮料、烟草制品、非法药物使用的游戏画面及内容。

● 电子游戏分级制度 [EB/OL].（2023-05-19）[2023-07-18]. https://zh.m.wikipedia.org/zh-hans/ 电子游戏分级制度 .

（6）犯罪、反社会、反政府，即涉及犯罪、反社会、反政府等信息的游戏画面及内容。

（7）赌博，即涉及赌博或诱导赌博、投注等信息或行为的游戏画面及内容。

表 5.1　海外游戏分级制度的审核项目

审核项目	具体内容
色情	提及对性行为的明确描述，可能包括裸露身体
暴力	涉及侵略性冲突的场景，包含血腥场景、武器、身体伤害和死亡描述等
恐怖	涉及恐怖、恐吓、威胁等内容
粗鄙言语	提及不适当的语言，如性、脏话、粗鄙或辱骂性言语等
酒精、烟草、药物	涉及酒精饮料、烟草制品、非法药物使用的图像
犯罪、反社会、反政府	涉及犯罪、反社会、反政府等信息
赌博	涉及赌博或诱导赌博、投注等信息或行为

5.4　各地主要游戏分级制度简介

5.4.1　韩国的游戏分级制度 ❶

1. 评级机构

韩国的游戏等级划分由 GRAC❷ 负责。拟发行、运营、推广游戏产品的主体在发行、运营游戏之前，必须向 GRAC 或者 GCRB 申请等级分类，以进行分级评定。

---

❶ 李金招，陈乙捷，黄忠薇. 境内游戏如何在韩国发行 | 韩国游戏分级及青少年保护制度 [EB/OL].
（2019-02-13）[2023-08-17]. https://mp.weixin.qq.com/s/9XYAe2CjMVRcuwop4ktNYw.
❷ GRAC [EB/OL].（2022-08-13）[2023-03-24]. https://www.grac.or.kr/English/default.aspx.

2. 须评级的游戏类型

《游戏产业促进法案》中的"游戏"包括 PC 端游戏、PC 网页游戏、手机游戏、街机游戏、下载或嵌入式游戏等。如果游戏是为计算机和控制台制作的，那么即使游戏内容相同，也需要对每个平台进行评级。

3. 游戏评级的影响因素 ●

韩国根据游戏是否涉及色情、暴力、反社会、言语鄙俗、赌博等因素，对玩家年龄进行限制，不同等级游戏匹配不同年龄的玩家。

（1）根据玩家年龄的评级见表 5.2。

表 5.2　根据玩家年龄的评级

标志	等级	含义	实施
	全部人员	全部人员均可使用的游戏	
	12 岁以上	12 岁以上人员方可使用的游戏	在每台游戏机、电脑和在线游戏屏幕右上方显示游戏等级，每小时显示时间超过 3 秒；在手机游戏起始画面显示游戏等级，显示时间超过 3 秒
	15 岁以上	15 岁以上人员方可使用的游戏	
	18 岁以上	18 岁以上人员方可使用的游戏	
	测试中	经 GRAC 许可，在发行前进行稳定性检查、效率测试、封闭测试的游戏	PC 端游戏、PC 网页游戏、手机游戏：30 天内，免费提供不超过 1 万名测试员 街机游戏：15 天内，免费在不超过 5 个地点提供不超过 10 台游戏机

● 游戏物管理委员会 [EB/OL].（2023-07-07）[2023-07-19]. https://zh.m.wikipedia.org/wiki/ 游戏物管理委员会 .

（2）与玩家年龄相匹配的游戏内容见表5.3。

表 5.3　与玩家年龄相匹配的游戏内容

玩家年龄	游戏内容
全部人员	• 为儿童提供教育或培养道德品质和情感； • 没有表现出反社会的想法、扭曲或亵渎宗教和公共道德，不会在情绪和身体上伤害儿童； • 体现没有任何淫秽、暴力、赌博等危害儿童身心健康的内容
12 岁以上	• 没有会对处于 12 岁的儿童造成伤害的反社会的思想，以及对宗教和公共道德的歪曲或亵渎； • 没有会对处于 12 岁的儿童有害的任何淫秽、暴力、赌博等行为； • 可能存在轻微的性行为、暴力、不适当的语言（如咒骂）等行为
15 岁以上	• 没有会对处于 15 岁的儿童造成伤害的任何反社会理念的表达，以及对宗教和公共道德的歪曲或亵渎； • 没有会对处于 15 岁的儿童有害的淫秽、暴力、赌博等行为； • 可能存在间接和有限制地表现性、暴力、不适当的语言（如咒骂）及轻微唤起使用游戏资金的激情或者依靠运气的赌博行为
18 岁以上	• 具有反社会理念、宗教信仰和公共道德的观念或表达，对 18 岁以下的儿童在情感和身体上都是有害的； • 对 18 岁以下的儿童有害，游戏的内容和主题表达淫秽、暴力等观念； • 可能存在直接和具体的图形表现形式，如性行为、暴力、不适当的语言（咒骂）、唤起过度使用博彩资金的激情、完全依靠运气进行的赌博行为

4. 游戏评级的程序

（1）评级机构。在发行、运营游戏之前，游戏运营商一般须向 GRAC 或 GCRB 申请等级分类，以进行分级评定。在特定情况下，游戏可由第三方渠道直接进行评级，如 Google Play 等。具体不同年龄等级游戏的适用平台与评级机构见表5.4。

表 5.4　不同年龄等级游戏的适用平台与评级机构

适用平台	年龄等级	评级机构
手机游戏	全部人员、12 岁以上、15 岁以上	手机应用商店，如 Google Play、App Store，GCRB（可选）
	成年人	GRAC
PC 端游戏、PC 网页游戏	全部人员、12 岁以上、15 岁以上	GCRB
	成年人	GRAC
控制台游戏、街机游戏	全部人员、12 岁以上、15 岁以上、成年人	GRAC

在韩国发行的大部分游戏必须获得 GRAC 或 GCRB 的评级，但若是手机游戏且非仅限于成人玩家的游戏产品，则韩国监管部门允许由 Google Play、App Store、三星等平台代表游戏运营商和 GRAC 签订合同进行评级。

评级之后，如果游戏运营商修改了游戏产品的内容，那么应该按照文化体育观光部的规定，在 24 小时内通过书面文件和数据存储设备（如 CD、DVD、USB 等）向 GRAC 或 GCRB 通知更改或添加的特定内容。如果修改游戏产品内容已经达到需要重新评级的程度，那么 GRAC 或 GCRB 应在收到报告后 7 日内通知游戏运营商。若按照 GRAC 或 GCRB 的相关规定认为相关游戏产品为新的游戏产品，那么 GRAC 或 GCRB 有权重新评级并采取必要措施。

凡对游戏产品内容进行修改且需要重新评级，但相关主体未能获得新评级或提供与评级内容不同的游戏产品，则 GRAC 可根据游戏运营商的请求有权进行调查或修改评级。

（2）游戏评级所需材料。若向 GRAC 或 GCRB 申请评级，可通过网络线上申请。所需准备的材料包括游戏规格（平台、流派、手册等），游戏内容摘要，游戏代表视频（特别针对暴力、性、犯罪、语言、赌博、恐怖和毒品），游戏文件，存款证明（评级费用），韩国生产者、分销商或出版商证书，证书验证（使用在线系统），联系信息等。

（3）非韩国公司是否可以申请评级。非韩国公司因没有韩国规定的相关特定资格，如没有韩国的生产者证书，所以不能直接向韩国主管机构申请游戏评级，必须通过当地经销商或者在韩国设立的分支机构完成申请。但我们认为，若由第三方渠道，如 Google Play、App Store 等完成评级，则应该无须符合前述要求。

5.4.2　日本的游戏分级制度

1.计算机娱乐评级机构（CERO）

CERO 是由日本计算机娱乐供应商协会（CESA）于 2002 年成立的特定非营利活动法人团体，其主要业务为负责日本发行的电脑软件与游戏的分级制度制定，以及游戏分级的审查。

1）CERO 的分级范围

CERO 的评级覆盖了在日本销售的家用电脑和视频游戏（包括手机游戏），如世嘉公司的 DC，索尼电脑娱乐有限公司的 PS、PS2、PSP、PS3，任天堂公司的 N64、NGC、GB、GBA、NDS、Wii，万代株式会社的 WS，微软公司的 Xbox、Xbox 360 及个人主机制造商的 Windows、Mac 等游戏，不包含大型电玩、手机、PC 的成人游戏。CERO 的分级范围见图 5.1。

● 孙磊.日本网络游戏相关法及判例赏析（一）：游戏分级制度 [EB/OL].（2018-08-07）[2022-03-24].
https：//mp.weixin.qq.com/s?__biz=MzA3NTI0NzYxNw==&mid=2651482695&idx=1&sn=dd821c0a4d
07f548d1de7bee4e0822be&chksm=848db329b3fa3a3fd0ba8c763321e101542ea227065182e5885665cb2e
7b055e4b351fa71740&scene=27.

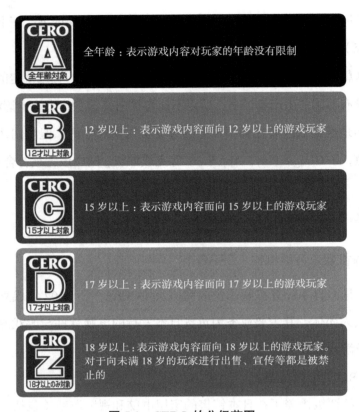

全年龄：表示游戏内容对玩家的年龄没有限制

12岁以上：表示游戏内容面向12岁以上的游戏玩家

15岁以上：表示游戏内容面向15岁以上的游戏玩家

17岁以上：表示游戏内容面向17岁以上的游戏玩家

18岁以上：表示游戏内容面向18岁以上的游戏玩家。对于向未满18岁的玩家进行出售、宣传等都是被禁止的

图 5.1　CERO 的分级范围

2）CERO 分级制度

（1）年龄标志。CERO 的旧分级标志主要将年龄分级为 4 种，即全年龄对象、12 岁以上对象、15 岁以上对象、18 岁以上对象。CERO 的新分级标志将年龄分级为 5 种，并以 A、B、C、D、Z 5 个英文字母区分不同的级别，同时以 5 种底色标示在游戏封面左下角与侧边下缘。其中，A 为全年龄对象（黑色），B 为 12 岁以上对象（绿色），C 为 15 岁以上对象（蓝色），D 为 17 岁以上对象（橙色），Z 为仅限 18 岁以上对象（红色）（见图 5.2）。

图 5.2　CERO 的年龄标志

（2）内容标志。CERO 采取包装标示制度，游戏产品需在包装封面的醒目位置标注年龄级别标志，在产品背面用图片标示游戏内容。CERO 采用内容描述对游戏所含的特定内容做进一步说明，共有 9 个标志（见图 5.3）。

图 5.3　CERO 包装标示制度的内容标志

（3）CERO 分级制度的其他标志见图 5.4。其他标志从左至右分别为教育标志、规定适合标志（用于试用版的游戏）、计划审查标志（正在制作的游戏）。

图 5.4　CERO 分级制度的其他标志

3）CERO 游戏评级的参考因素

CERO 审查对象的表现项目主要分为 4 类共 24 个，具体如下。

（1）性表现，如接吻、拥抱、内衣露出、性行为、裸体、性暗示、排泄、性产业、泳装或服装。

（2）暴力表现，如出血描写、肢体分离或欠缺描写、尸体描写、杀伤、恐怖、对战格斗或打架描写。

（3）反社会行为，如犯罪描写、毒品、虐待、非法饮酒与吸烟、非法赌博、表现类乱伦或性犯罪、淫秽、自杀或自残、贩卖人口。

（4）言语或思想，如与言语或思想相关的不适当描写。

每个表现项目都有一个上限，超过上限的内容和表达将被指定为"禁止表达"。CERO 不会对包含禁止表达的计算机软件和视频游戏进行评级。

4）评级流程

（1）CERO 收到来自游戏运营商的计算机和视频游戏的道德审查请求。

（2）CERO 评估者审查请求者的游戏表达、内容等（超过表现项目上限的不予分级）。

（3）根据各评估结果确定年龄分级。

（4）CERO 通知游戏运营商评级结果。

（5）游戏运营商在游戏产品上标明年龄级别标志。

2. 计算机软件伦理机构（EOCS）

EOCS 游戏分级制度中的各种标志见表 5.5。

表 5.5　EOCS 游戏分级制度中的各种标志

标志	标志的含义
	［一般软件产品（一般产品）］ 可向所有年龄段的人员销售，不符合"禁止 18 岁以下人员使用的软件""一般软件产品（15 岁以上推荐的产品）""一般软件产品（12 岁以上推荐的产品）"等情形。这是一个从小孩到大人可充满信心地享受的产品
	［一般软件产品（12 岁以上推荐的产品）］ 可向具有一定识别能力的年龄段人员销售，不符合"禁止 18 岁以下人员使用的软件""一般软件产品（15 岁以上推荐的产品）"等情形。这是一个 12 岁及以上人员可充满信心地享受的产品
	［一般软件产品（15 岁以上推荐的产品）］ 可向具有较强识别能力的年龄段人员销售，不符合"禁止 18 岁以下人员使用的软件"的情形。这是一个 15 岁及以上人员可充满信心地享受的产品
	［禁止向 18 岁以下人员销售的软件产品（18 岁以上推荐的产品）］ 向具有充分认识社会的能力的年龄段人员销售，并且目标年龄为 18 岁以上

5.4.3　欧洲的游戏分级制度

泛欧洲游戏信息组织 ●（PEGI）是一个欧洲视频游戏内容评级系统，旨在帮助欧洲玩家在购买带有游戏盒标识的电脑游戏时做出明智的决定。PEGI 由欧洲互动软件协会（ISFE）开发，于 2003 年 4 月投入使用，以一个欧洲系统取代许多国家的年龄评级系统。PEGI 如今在超过 31 个国家被使用，并且基于行为准则，它是一套规则，每个使用 PEGI 的出版商都是签订合同的。PEGI 由 5 个年龄分级和 8 个内容描述组成，其基于游戏内容建议特定年龄范围的人员玩适合内容的游戏。

5.4.4　印度尼西亚的游戏分级制度 ●

印度尼西亚的游戏评级系统（IGRS）是由印度尼西亚通信和信息学部于 2016 年创立的官方视频游戏内容评级系统，根据游戏是否涉及酒精、香烟、毒品、暴力、血液、语言、性等内容将游戏分为 5 类。

一是 SU（Semua Umur，全年龄），即游戏适合所有年龄段的人员。

二是 3 岁以上，即游戏不会显示成人内容、药物使用、赌博模拟和在线互动等受限制的内容。

三是 7 岁以上，即游戏不会显示成人内容、药物使用、赌博模拟和在线互动等受限制的内容。

四是 13 岁以上，即游戏限制通过数字或背景字符显示暴力、赌博模拟、恐

● 泛欧洲游戏信息组织 [EB/OL].（2023-01-14）[2023-03-24]. https：//baike.baidu.com/item/%E6%B3%9B%E6%AC%A7%E6%B4%B2%E6%B8%B8%E6%88%8F%E4%BF%A1%E6%81%AF%E7%BB%84%E7%BB%87/53930358?fr=aladdin.
● 电子游戏分级制度 [EB/OL].（2023-05-19）[2023-07-18]. https://zh.m.wikipedia.org/zh-hans/ 电子游戏分级制度 .

怖主题及在线互动轻度使用毒品和酒精等内容。

五是 18 岁以上，即游戏限制大部分内容显示，至少限制包括使用主要人物的药物和酒精，逼真的暴力（如血液、血腥、残害等），以及粗暴的幽默、赌博模拟、恐怖主题和在线互动等内容。

5.4.5　北美的游戏分级制度 ●

娱乐软件分级委员会（ESRB）是一个对游戏年龄和内容进行分级的自治组织，执行业界采用的广告准则，确保加拿大、墨西哥、美国的计算机、视频游戏和其他娱乐软件的在线隐私。

泛欧洲游戏信息组织（PEGI）评级用于在加拿大销售的一些法语游戏及一些在墨西哥、波多黎各销售的西班牙语游戏。虽然是自我监管，但在加拿大由 ESRB 评级的游戏会受到法律的限制，只是限制在不同的省和地区有所不同。

5.4.6　英国的游戏分级制度 ●

英国电影分级委员会（BBFC）的前身是英国电影审查委员会。BBFC 是一个非政府组织，对视频和 DVD 有进行分类的法定要求，在英国互动娱乐协会与视频标准委员会（VSC）的协助下进行评级。

目前英国的视频游戏已不再由 BBFC 负责评级，而由 VSC 评级委员会

● 电子游戏分级制度 [EB/OL]．（2023-05-19）[2023-07-18]. https://zh.m.wikipedia.org/zh-hans/ 电子游戏分级制度 .

● 电子游戏分级制度 [EB/OL]．（2023-05-19）[2023-07-18]. https://zh.m.wikipedia.org/zh-hans/ 电子游戏分级制度 .

负责分类评级。2012 年 7 月，VSC 评级委员会成为英国唯一的法定视频游戏监管机构。自 2003 年以来，VSC 评级委员会采用 PEGI 标准对视频游戏进行分类。

5.4.7 芬兰的游戏分级制度

国家视听研究所 ❶ 是芬兰教育部的官方机构，负责对不同年龄收视率的电影、电视节目和互动游戏进行分类。只有未成年人（未满 18 周岁）可以看的内容在向公众发布之前才需要进行分类。2014 年，芬兰媒体教育和视听媒体中心与国家视听档案馆合并成为国家视听研究所。

5.4.8 沙特阿拉伯的游戏分级制度 ❷

视听媒体委员会（GCAM）为沙特阿拉伯游戏分级的监管机构。GCAM 根据沙特阿拉伯的媒体政策对媒体活动进行监管，同时提供相关服务，不但负责管理和颁发与视听媒体、网络传输和内容制作相关等业务的经营许可证，还负责制定与媒体相关技术问题的标准和规范。

GCAM 在 2016 年同索尼公司合作，推出了沙特阿拉伯的游戏分类标准。如果在游戏开发的过程中不遵守分类标准，那么游戏的运营商会受到 GCAM 的限制。表 5.6 为沙特阿拉伯的游戏分级。

---

❶ 国家视听研究所（芬兰）[EB/OL].（2023-06-20）[2023-07-18]. https://en.m.wikipedia.org/wiki/National_Audiovisual_Institute_(Finland).

❷ GCAM（沙特阿拉伯电子游戏分级制度）一览 [EB/OL].（2022-09-13）[2023-03-24]. https：//qianp.com/knowledge/14507.html.

表 5.6　沙特阿拉伯的游戏分级

标志	标志的含义
3	仅适合 3 岁及以上人员的电子游戏内容
7	仅适合 7 岁及以上人员的电子游戏内容
12	仅适合 12 岁及以上人员的电子游戏内容
16	仅适合 16 岁及以上人员的电子游戏内容
18	仅适合 18 岁及以上人员的电子游戏内容
tbc	于 2020 年推出，表示电子游戏内容尚未分级，用于游戏发布之前的早期营销

第6章 各地法律对游戏出海数据合规的要求

6.1 游戏出海中的数据合规概述

游戏企业为了增加玩家的黏性及提高市场占有率，经常收集玩家的个人信息，如手机号码、邮箱地址、微信或微博账号等，利用这些信息通过短信、邮箱或者 Whats App 推送游戏的相关信息，推送的内容包括但不限于游戏节点、活动或者福利，以吸引玩家充值。

游戏企业在进行上述操作中会遇到对玩家个人数据的收集、使用的合规问题。同时，如果游戏企业的广告推送是委托第三方处理的，就还会涉及数据委托处理的合规问题。此外，如果游戏企业在海外国家或地区发行游戏，但服务器被放在境内或者第三方国家，那么在进行玩家信息收集时会涉及数据跨境回传服务器，此时数据使用还涉及数据出境安全评估问题。

针对上述问题，我们汇总了欧盟、新加坡、马来西亚、泰国和菲律宾等个人信息保护的法律规定，归纳各地在玩家数据收集、游戏企业利用数据或委托第三方处理玩家数据、玩家数据出境及违规罚则的相关规定。

6.2 欧盟对游戏出海数据合规的要求 ●

6.2.1 概述

2018 年 5 月，欧盟的《通用数据保护条例》(*General Data Protection Regulation*，GDPR) 开始实施，取代 1995 年欧盟的《数据保护指令》(第 95/46/EC 号指令)，并覆盖欧盟以外的面向欧盟消费者的公司。基于保护用户个人数据安全和确保个人信息在欧盟境内自由流动的宗旨，GDPR 规定了广泛的适用范围、严苛的数据控制者和处理者义务及严厉的处罚措施，因此 GDPR 也被称为"史上最严"的数据保护法规。由于 GDPR 是一项法规，而非指令，因此不要求各国政府通过任何授权立法，具有直接的约束力和适用性。

在 GDPR 生效后不久，Facebook 和 Google Paly 就遭到用户起诉，被指控强迫用户同意隐私政策，诉请金额高达 39 亿欧元。有消息称，韩国大型在线游戏《仙境传说》直接关停了欧盟地区服务器。小米智能硬件生态链中的智能灯 Yeelight 由于无法满足 GDPR 的要求，也将暂停向欧洲用户提供服务。

许多国家近年均加强了网络安全与数据保护的立法，我国也加强了网络安全和数据合规的立法工作。对面向欧盟市场的中国游戏公司而言，全球视角下的个人信息安全合规、数据处理问题尤为重要。

6.2.2 GDPR 的适用范围

1. 受限于 GDPR 的游戏公司行为

根据 GDPR● 第 2 条第（1）款规定，适用于 GDPR 的行为如下。

● 蒋晓焜，李金招. 游戏网推涉及玩家数据合规：欧盟篇 [EB/OL]. (2020-10-30) [2023-08-17]. https://mp. weixin.qq.com/s/G0kjoeEBKU9EnN1TrHe78w.

● General Data Protection Regulation (GDPR) [EB/OL]. (2018-12-14) [2022-03-24]. https://gdpr.eu/ article-2-processing-personal-data-by-automated-means-or-by-filling-system/.

（1）完全或部分以自动化手段对个人的数据进行处理的活动。其中，"处理"是指对个人数据或个人数据集合的任何单一或系列的自动化或非自动化操作，如对个人数据的收集、记录、组织、建构、存储、适配或修改、检索、咨询、使用、披露、传播或其他利用、排列或组合、限制、删除或销毁等。

（2）虽然以非自动化手段对个人数据进行处理，但建立或拟建立个人数据存档系统。❶ 其中，"个人数据"是指已识别到的或可被识别的自然人（"数据主体"）的所有信息。"可被识别的自然人"是指能够被直接或间接识别的自然人，有的通过姓名、身份证号码、定位数据、在线身份等数据识别，或通过自然人的物理、生理、遗传、心理、经济、文化或社会身份的一项或多项要素识别。

GDPR 适用于自然人数据的处理，不适用于法人（尤其是设立为法人的企业）的信息处理，包括法人的名称、形式和联系方式等。GDPR 也不适用于与职业或商业活动无关的纯粹私人或家庭活动对个人数据进行的处理。

游戏公司在发行、运营游戏过程中不可避免地需要收集、处理玩家的个人数据，其收集、处理的数据可能有以下类型。

一是玩家主动提供的数据，如玩家的姓名、身份证号码、E-mail、电话号码等；玩家注册账号时的用户名和密码；用户 ID、角色名称、个人资料及图片等角色信息；用户上传的个人照片、分享的照片等资料信息；聊天记录等发送给服务器的信息；玩家消费游戏币、游戏兑换码等进行的虚拟交易及交易记录；玩家的个人喜好等信息。

二是游戏公司自动收集的数据。游戏公司可能会利用 cookie 和（或）其他类似技术自动收集玩家的部分信息，如玩家玩游戏的设备、软件、IP 地址等

---

❶ 个人数据存档系统是一种可依照特定标准得以利用的结构化的个人数据合集，无论其是集中、分散，还是按照功能或地域基准进行分布。

信息；通过 IP 地址、GPS、Wi-Fi 或基站等途径获取的位置信息；玩家的点击次数、目标网页、浏览网页和订单、在特定网页上花费的时间、游戏内容和进度及玩家在游戏中与其他玩家的互动等有关玩家在游戏过程中产生的数据。部分游戏可能会收集游戏好友列表、群列表信息，以及声纹、指纹等生物识别信息。

三是从第三方服务平台上收集的数据。玩家在使用第三方服务平台（如 Facebook、微信、Google Play）时，游戏公司可能会获得第三方服务平台所产生或分享的信息，如玩家登录第三方服务平台的昵称、登录时间等。

虽然 GDPR 对"个人数据"（personal data）的定义十分宽泛，而且在实践中会对上述列举的某些数据是否属于 GDPR 项下的个人数据存在争议，但是不可否认的是任何一款游戏都无法避免对玩家个人数据的收集。

另外，对于特殊种类的个人数据，如种族或民族、政治观点、宗教信仰、工会会员资格等信息，涉及经处理可识别特定个人的基因数据、生物学数据，涉及健康、性生活、性取向的数据，这些都是与个人基本权利和自由相关的敏感数据，由于对其处理可能对数据主体的基本权利和自由形成重大风险，因此这些数据受到特别保护，原则上禁止被处理。若游戏公司有必要处理上述数据，则需要特别注意 GDPR 规定的适用范围。

2. GDPR 的地域范围

GDPR 确定了"长臂管辖"的原则，面向欧盟地区发行游戏的公司基本均要接受 GDPR 管辖。

（1）对于在欧盟地区设立了营业场所的游戏公司，无论其向玩家收集、处理数据的行为是否发生在欧盟地区，均要适用 GDPR 的规定。这里的营业场所并非要求是在欧盟地区设立的分支机构或具有法人资格的子公司等法律形式上的营业场所，而是实际关注游戏公司是否通过日常稳定的安排而真实有效地在欧盟地区开展经营活动。

（2）对于没有在欧盟地区设立营业场所的游戏公司，如果其发行、运营游戏并向欧盟玩家提供商品或相关服务，不论是否涉及付款，均要受到 GDPR 的约束。在确定游戏公司是否向欧盟玩家提供商品或服务时，应确定游戏公司对欧盟玩家提供服务的预期是否明显。当游戏公司使用欧盟地区的语言或者货币，使得欧盟玩家可以通过欧盟地区的语言或货币购买游戏公司的商品和服务，或者在游戏页面上经常提及欧盟地区的玩家等时，可以认定游戏公司存在对欧盟玩家提供服务的预期，需要受到 GDPR 的约束。不过，若只因为当欧盟地区用户可访问游戏公司的网站、电子邮箱、其他联系方式或者使用其他国家普遍使用的语言时，则不足以确定有该意向或预期。

例如，中国境内游戏公司在欧盟未设营业场所，但提供专门的法文、德文等游戏页面，同时支持用欧元结算，支持欧盟玩家下载、注册游戏软件，则该游戏公司属于面向欧盟境内的数据主体提供商品或服务，需要适用 GDPR。

至于游戏公司是否有"明显预期"，可作为参考的情形有游戏公司是否向搜索引擎服务商付费用于推广且明确面向具体的欧盟成员国；游戏公司网站上是否清楚陈述向欧盟哪些成员国提供服务；游戏本身是否具有国际属性；游戏公司的电话号码是否含国际拨号代码；游戏公司网站是否使用非本国的顶级域名（如 .de 或 .eu），是否有针对欧盟玩家的定向广告。

（3）对于没有在欧盟地区设立营业场所的游戏公司，如果其在发行、运营游戏过程中对玩家在欧盟地区发生的行为进行监控，那么也要受到 GDPR 的约束。比如，游戏公司为拓展欧盟地区业务，利用 cookie 或其他类似技术对玩家在欧盟地区发生的网页点击次数、目标网页、浏览的网页、在特定网页上花费的时间、游戏进度、游戏消费水平等数据进行监测，对玩家的个人偏好、行为和态度进行个性化分析或预测，可认定游戏公司对玩家在欧盟地区发生的行为进行监控。

　　基于此，作为一家出海游戏公司，只要面向欧盟地区玩家提供游戏服务，以及对欧盟地区的潜在游戏玩家进行追踪、画像和精准的广告推送，由于上述行为均涉及对欧盟境内自然人的个人数据处理，所以就要受到 GDPR 的约束。

6.2.3　违反 GDPR 可能造成的后果

　　自 2018 年 GDPR 实施以来，有许多报道都称其为"史上最严"的数据保护法规，其中一个主要的原因是 GDPR 规定了高额的罚金上限。如果不遵守 GDPR 的规定，那么游戏公司可能面临最高 1000 万欧元或者上一财政年度全球营业总额 2% 的行政罚款（以孰高者为准），严重的违规行为可能面临最高 2000 万欧元或者上一财政年度全球营业总额 4% 的行政罚款（以孰高者为准）。同时，欧盟成员国能够根据 GDPR 的规定和限制对违反 GDPR 的行为制定刑事处罚规则，其中可允许没收违反 GDPR 所得的利润。

　　虽然 GDPR 规定了高额罚款，但并非所有违规行为都会面临上述巨额罚款，罚款应与违法行为的性质和程度相当。对于游戏公司拟实施的行为可能违反规定或者违法行为程度轻微的，可以对游戏公司采取警告、谴责等处罚措施。罚款金额的具体上限和标准应由监管机构在个案中考虑各种相关情形后根据具体情况确定，尤其应适当考虑违法行为的性质、严重程度和持续时间，是否故意、是否存在减轻损害采取的行动、责任程度、是否有既往违法行为、监管机构获知违法行为的方式、游戏公司采取的措施、是否遵守行为规范及是否有其他加重或减轻情节。

　　虽然 GDPR 第 78 条规定了针对监管机构的有效司法救济权，为受到监管机构处罚的企业提供了司法救济途径，但是漫长而昂贵的海外诉讼亦将成为企业沉重的负担。如果企业拒不执行处罚措施，就很有可能导致其游戏在欧盟区域的应用商店下架，进而永远失去进入欧盟市场的机会。同时，由于企业受到欧盟处罚，所以很可能对其品牌形象、他国及本国市场、用户信心、公司价值等造成巨大的打击。❶

6.2.4 GDPR 的数据处理原则

1. GDPR 中的数据处理原则

GDPR❷ 第 5 条规定了数据处理的原则。

（1）合法公平透明原则，即应以合法、公平、透明的方式处理数据。该原则要求发送给公众或用户的任何信息均应当准确、清晰、易懂，使用清晰平实的语言，适当的时候可以电子形式使用图片、视频等视觉资料。此外，任何针对儿童个人数据的处理均应使用儿童能够理解的清晰的语言。合法公平透明原则要求告知用户存在处理数据的事实和目的，以及对用户是否进行画像及画像的后果。

（2）目的限制原则，即为特定、明确、合法的目的而处理数据，并且个人数据的后续处理不得违反、超出以上目的。

（3）数据最小化原则，即处理的数据应被控制在为实现个人数据处理目的所需要的最小限度内。

---

❶ 冯坚坚，袁立志，蒋昕妍. 放弃 or 坚持——出海游戏公司如何应对 GDPR？ [EB/OL].（2018-05-29）[2023-03-14]. https：//mp.weixin.qq.com/s/zPEhq5X_C8vvABVM8Dlj-g.

❷ General Data Protection Regulation（GDPR）[EB/OL].（2018-12-14）[2022-03-24]. https：//gdpr.eu/article-2-processing-personal-data-by-automated-means-or-by-filling-system/.

（4）准确性原则，即在准确且必要的情况下保持数据更新。

（5）存储限制原则，即存储的形式可识别数据主体的，数据存储时间不得超出为实现个人数据目的的必要时间。

（6）完整保密原则，即采取适当的措施确保个人数据安全，防止未经授权使用或非法处理、意外遗失、灭失或损毁数据。

（7）问责原则，即数据控制者应遵守上述原则并能够证明其履行了上述义务。换言之，游戏公司有义务采取适当有效的措施，并且能够证明处理数据的活动符合 GDPR 的规定。

2. GDPR 中的"同意"概念 ❶

GDPR 规定处理个人的数据需要获得合法的正当性事由，除了合同约定、法定事由等情形外，获得数据主体的同意是目前游戏公司对个人数据处理的常见和普遍的方式。

GDPR 第 4 条第（11）款规定了严格的"同意"概念。❷ 数据主体的"同意"是指数据主体依照其意愿自愿做出的、具体的、知情的及明确的确认意思表示。数据主体应通过声明或明确肯定的方式做出这种意思表示，表明其同意对相关个人数据进行处理。其中，个人数据包括三种形式：玩家主动提供的数据，如玩家的姓名、身份证号码、注册账号时的用户名和密码、玩家的个人喜好等信息；游戏公司自动收集的数据，如玩家玩游戏的设备、软件、IP 地址等信息；从第三方服务平台上收集的数据，如玩家登录第三方服务平台的昵称、登录时间等。

GDPR 规定，同意应以明确、肯定的方式做出，所有默认、预选框及不作

---

❶ 李金招，黄忠薇. 游戏出海系列之隐私保护（二）：GDPR 合规要求下，"同意"如何认定？ [EB/OL].（2018-11-05）[2023-03-14]. https：//mp.weixin.qq.com/s/ZpBtipiEfp4PpTWkJKGR-Q.

❷ General Data Protection Regulation（GDPR）[EB/OL].（2018-12-14）[2022-03-24]. https：//gdpr.eu/article-2-processing-personal-data-by-automated-means-or-by-filling-system/.

为均不被视为用户同意。多款游戏中可能存在玩家使用其网站并提供资料，即表示玩家已经同意该网站处理其个人数据，或者玩家阅读隐私政策后默认勾选同意等设置，这些行为可能因不符合 GDPR 关于同意的规定而被视为无效的同意。

游戏公司处理玩家的个人数据，不仅在玩家注册、登录的环节，而且在玩家游戏过程中可能会利用 cookie 和（或）其他类似技术收集、预测玩家的个人喜好。同时，对玩家精准推送广告、点击观看第三方广告等，可能涉及个人数据在不同公司之间的转移共享。因此，游戏公司处理用户数据的不同环节、不同目的均应获得用户的同意。

比如，游戏网站上有一个告示，点击链接可以打开阅读，但参加游戏并不以阅读告示为前提。该告示规定，玩家使用该网站并向其提供资料，即表示玩家已经同意该网站处理其个人数据，并同意接收网站及第三方发送的广告。这种情况就可能被认为没有取得有效同意，因为登录并参与游戏并不等于同意网站为网络游戏以外的目的处理玩家的个人数据，不构成当事人对其个人数据用于商业目的的明确同意。此外，对于精准广告推送、点击观看第三方广告换取游戏内虚拟货币或者装备等可能涉及个人数据在不同公司之间的共享行为，如果事先没有说明并取得玩家同意，则会被认为超出最初的同意范围，应当另行取得玩家的同意。因此，玩家同意游戏公司对个人数据的处理不只是玩家在阅读隐私政策后勾选同意这么简单。对于用户隐私政策，游戏公司应以清晰易懂的文字呈现给玩家，而且隐私政策中关于公司收集数据的范围及处理数据的目的、用户同意的方式、用户的权利、公司的义务等内容均需要符合 GDPR 的规定，不得包含不公平条款。同时，对于不同环节、不同目的的对用户数据的处理，应当另行取得玩家同意。

此外，由于儿童对个人数据处理的风险、后果的防范意识较为薄弱，因此

GDPR 对儿童给予特殊的保护。GDPR❶第 8 条第（1）款规定：未满 16 周岁的儿童，只有在取得儿童监护人同意或者授权的情形下，才可以收集、处理其个人数据。不过，欧盟成员国可将儿童的年龄界限调至最低 13 周岁。对游戏公司而言，如何通过可行的技术手段确保儿童下载和进入游戏时获得其监护人同意或授权，或者直接限制儿童下载和进入游戏，是需要考虑解决的问题。

6.2.5　数据主体的权利

GDPR 赋予数据主体对其数据广泛的控制权，包括知情权、访问权、纠正删除权、限制处理权、可携带权、拒绝权等权利。❷

1. 知情权

游戏公司应向玩家提供游戏所收集的玩家身份信息、个人信息等，必要的时候还需要向玩家提供数据的存储时限、玩家享有的权利等信息。

2. 访问权

玩家有权要求访问与其相关的个人数据，如玩家在游戏中的充值余额、游戏币、钻石、装备等数据。

3. 纠正删除权

玩家有权要求对其不准确的个人数据进行及时纠正，并有权要求删除其个

---

❶ General Data Protection Regulation（GDPR）[EB/OL].（2018-12-14）[2022-03-24]. https：//gdpr.eu/article-2-processing-personal-data-by-automated-means-or-by-filling-system/.

❷ General Data Protection Regulation（GDPR）[EB/OL].（2018-12-14）[2022-03-24]. https：//gdpr.eu/article-2-processing-personal-data-by-automated-means-or-by-filling-system/.

人数据。游戏公司在确认请求删除的用户身份后，应删除并且不再处理该用户的个人数据，同时告知其他数据控制者（如联合运营的公司）清除该用户的个人数据的任何链接、复本或复制品。对于用户的申请，游戏公司应提供在线申请、预留邮箱或电话等申请方式，并且应最迟在一个月内回应用户的申请，如不同意用户申请时应给出合理的理由。

4. 限制处理权

在玩家对其个人数据的准确性有异议、认为游戏公司处理数据是非法的、基于处理目的不再需要个人数据等情形下，玩家有权限制游戏公司处理其个人数据。限制处理个人数据的方法可能包括屏蔽选定的个人数据、将已发布的数据临时从网站上清除、将选定的数据临时转移到其他处理系统（如技术可行）等。

5. 可携带权

在获得玩家同意并以自动化方式为前提的情况下，玩家有权从游戏公司处接收自己的个人数据。如果技术可行，玩家可将其个人数据从某一控制者直接传输至其他控制者，如玩家可申请将其个人数据从某一公司的游戏服务器上直接传输到另一公司的游戏服务器上。

6. 拒绝权

玩家有权随时拒绝游戏公司对其个人数据的处理，包括数据画像，如通过邮箱、电话等联系方式或者网站向玩家推送广告，用户应有取消订阅的选择权。此外，游戏公司应明确告知用户该等拒绝权，并且该等告知应和其他信息分开呈现给用户。

6.2.6　游戏公司的义务

GDPR 中关于数据控制者和处理者的义务主要有以下方面。

1. 保存数据处理记录

为了证明遵守 GDPR 的规定，数据控制者和处理者应当保存处理数据活动的记录，如公司及公司代表、数据保护专员（如有）的联系方式，数据传输的文档、处理的数据及分类等。

GDPR 免除了对员工人数少于 250 人的中小微企业必须保存数据处理记录的要求，并且鼓励欧盟各机构、组织及各成员国及其监管机构在适用 GDPR 时要考虑中小企业的实际情况。

2. 制定内部政策确保数据处理安全

为证明数据处理行为符合 GDPR 的规定，游戏公司应制定数据保护政策并采取相应措施，以证明其达到了数据保护原则的要求。这些措施可能包括尽可能减少个人数据的处理、尽快对个人数据进行假名化处理、保证个人数据的功能和处理的透明化、使数据主体能够监控数据处理、数据控制者能够实施数据处理并提升其安全性。游戏公司在开发、设计游戏产品的过程中应在当前技术允许的情况下充分尽到数据保护的义务。

为确保个人数据处理的安全性，在处理数据过程中游戏公司应采取适当的技术和组织措施，如个人数据的假名化和加密、保证处理系统的稳定性和安全性、具备在发生物理或技术事故的情况下及时恢复个人数据的能力、定期测试评估等。

3. 合作伙伴的职责划分

两个或两个以上数据控制者共同确定数据处理的目的和手段，他们是联合控制者，应根据 GDPR 的规定对用户相关主体的权利、义务等进行清晰的责任分工。

数据控制者需要处理者代为采取某些处理行为的，为确保遵守 GDPR 规定，数据控制者在委托处理者进行处理活动时，应当仅委托在专业知识、可靠性及资源方面较好的处理者实施以符合 GDPR 要求的技术和组织措施（包括为处理安全性的目的）。数据处理者遵守某一经认可的行为规范或认证机制的，可证明数据控制者委托处理者处理数据的行为合规。

数据处理者实施处理行为的，应受合同及欧盟或成员国项下其他法律行为的约束。上述合同和法律中应规定数据处理者向控制者负责，列明处理的主旨事项和期限、处理的性质和目的、个人数据的类型和数据主体的种类，并考虑数据处理者在将要实施的处理行为中应承担的具体责任和义务，以及可能对数据主体的权利和自由产生的风险。

数据处理者在代表控制者完成处理行为后，应根据控制者的指示归还或删除个人数据，除非适用于该处理者的欧盟或成员国的法律要求其对个人数据进行存储。

4. 72 小时内告知

当个人数据发生泄露时，如果游戏公司不及时妥善处理，就可能会给个人带来人身及经济的重大或非重大损害，如丧失对其个人数据的控制或者其自由、权利受到限制、歧视，身份被盗用或遭受诈骗、财务损失、未经授权移除假名化处理，名誉损害、具有职业保密性的个人数据被公开或任何其他重大的经济或社会不利影响。因此，一旦知悉个人数据发生泄露，游戏公司应当及时并最迟从知道个人数据泄露之时起 72 小时内将此情形告知监管机构。同时，应当及时将个人数据泄露的情形告知用户，向用户说明数据泄露的性质并提供降低潜在负面影响的建议，以使该用户能够采取必要的防范措施。

对于个人数据泄露的情况，游戏公司应将个人数据协议的实际情况、影响和采取的补救性措施等证据保存下来。

5. 数据处理风险评估

为确保数据处理的安全性并避免数据处理行为违反 GDPR 的规定，游戏公司应当对处理行为的可能风险进行评估，并采取加密等措施以降低风险。这些措施应在考虑当前技术水平、风险防范需要的成本及所处理个人数据的性质的前提下，确保处理行为具有一定的安全水平（包括保密性）。在评估数据安全风险时，游戏公司应考虑个人数据处理所产生的风险，如个人数据在传输、存储或其他处理过程中产生的意外或非法损毁、丢失、篡改、擅自披露或获取，尤其是可能导致人身重大或非重大损害的情形。

在数据处理中可能给自然人的权利和自由带来高风险的情况下，游戏公司应对数据保护的影响进行评估，特别是应对这类风险的来源、性质、特殊性和严重性进行评估。如果经评估表明数据处理可能会产生高风险，并且游戏公司无法通过现有技术和实施成本适度降低风险的，则应当在处理前事先咨询监管机构的意见。

6. 授权代表

没有在欧盟地区设立营业场所、向欧盟玩家提供商品或服务（无论是否需要支付款项）、对玩家在欧盟地区发生的行为进行监控的游戏公司，应当通过书面授权的形式指定一名代表为公司履行 GDPR 的义务，就数据处理相关事宜与监管机构和数据主体联系，但考虑欧盟地区人员数据处理的性质、情况、范围和目的，认定为偶然的数据处理、不涉及大规模处理特殊数据、不涉及刑事审判和犯罪行为的个人数据、不可能对个人的权利和自由产生风险或者数据控制者属于政府部门等情况的，可以不指定代表。

7. 数据保护官

1）数据保护官（Data Protection Officer，DPO）的含义

数据保护官是具有数据保护法律和惯例专业知识的人员，协助控制器或处理器监控内部是否符合 GDPR 规定的专业人士。DPO 类似于合规官，能够熟练地管理 IT 流程，处理数据安全（包括网络攻击）及个人和敏感数据的持有、处理等其他关键业务问题，其所需的技能远远超出了解法律、遵守数据保护法律法规的范围。未在欧盟地区设立营业场所、向欧盟玩家提供商品或服务或者对用户发生在欧盟地区的行为进行监测的游戏公司，需要指定一名授权代表，该授权代表可由数据保护官担任。

DPO 帮助公司监控内部的合规性，告知并提供有关数据保护义务、数据保护影响评估（DPIA）的建议，是数据主体和监管机构联系的纽带。DPO 可以通过建议和帮助监控数据合规性使游戏公司在法律范围内运营。由此可见，DPO 在游戏公司的数据保护治理结构中发挥了关键作用，并有助于优化问责制。

2）需要指定数据保护官的情形

不是每个企业都需要指定 DPO，小企业也不是没有指定 DPO 的义务。企业即使规模小，也可能有指定 DPO 的法定义务。不过，无论 GDPR 是否要求公司指定 DPO，公司都必须确保有足够的人员和资源履行 GDPR 项下的义务。

如果公司决定不需要自愿指定 DPO 或者因为公司不符合必须指定 DPO 的情形，那么记录不指定或无须指定 DPO 的过程有利于帮助证明其遵守问责制原则。

GDPR❶ 规定需要指定 DPO 的情形如下。

（1）由政府机关实施的数据处理行为。

（2）私营企业开展的主营业务中包含需要对数据主体进行定期、系统、大规模监控的处理操作的。

（3）涉及大规模处理特殊数据及有关审判和犯罪行为的数据的。

"对大规模数据主体进行定期和系统监控"是什么意思？虽然 GDPR 中没有对"定期和系统监控"或"大规模"进行解释，但第 29 条数据保护工作小组（WP29）在其关于 DPO 的指南中指出，"定期和系统监控"数据主体包括在线和离线的所有形式的跟踪和分析，如出于广告的目的而对用户数据进行的跟踪和分析。

在确定是否大规模处理时，应该考虑数据主体的数量、正在处理的数据量、正在处理的不同数据的范围、处理的地理范围及处理数据持续的时间等因素。比如，一款大型的游戏会使用算法监控用户的搜索与购买的偏好和习惯，并根据此信息向他们提供建议。由于这是连续发生并根据预定标准的，因此可以将其视为对大规模数据主体的定期和系统监控。

3）数据保护官的职责

（1）向企业及员工提供数据保护方面的合规建议。

（2）监督、管理企业包括数据管理、员工培训等数据保护合规工作。

（3）指导企业开展数据保护影响评估（DPIA）。

（4）代表企业与监管机构沟通并配合其工作。

---

❶ General Data Protection Regulation（GDPR）[EB/OL].（2018-12-14）[2022-03-24]. https：//gdpr.eu/article-2-processing-personal-data-by-automated-means-or-by-filling-system/.

4）数据保护官能否外聘

DPO 可以由公司员工担任，也可以由外部人员担任。除了在内部设置专职的 DPO 岗位外，企业也可以聘请专业人士担任 DPO。另外，多家企业共同指定同一位专业人士担任 DPO 也是被允许的，但前提是该 DPO 能够为多家企业提供及时的服务。

企业在内部设置 DPO 岗位的，既可以安排专职人员全身心投入数据安保工作，也可以由其他管理人员兼职 DPO。但值得注意的是，GDPR 特别提醒企业应避免兼职 DPO 陷入利益冲突，如人力等本就需要 DPO 监管的部门人员不得兼任 DPO。

开展 GDPR 合规工作，要求高、难度大。一方面，满足条件的企业必须指定专业人士担任 DPO；另一方面，企业本身也需要专业人士参与管理体系构建、部门之间协调等工作，并给出数据保护方面的专业指导。

8. 跨国数据转移

游戏出海使得用户的个人数据在国家之间往来流动成为必然。GDPR 认为，个人数据跨境转移到欧盟以外的区域的，个人行使数据保护权的风险增加，尤其是保护个人数据不被非法使用或披露方面可能面临的风险将大大增加。同时，监管机构对跨境数据转移的活动进行申诉追踪或调查将会受限或存在一定困难。因此，GDPR❶ 规定只有在满足个人数据跨国转移的相关规定条件下，方可在国家之间发生个人数据的转移。涉及玩家个人数据跨境传输的，建议签署欧盟委员会公布的相应标准合同条款（standard contractual clauses），确保跨境数据传输的合法性。

---

❶ General Data Protection Regulation（GDPR）[EB/OL].（2018-12-14）[2022-03-24]. https：//gdpr.eu/article-2-processing-personal-data-by-automated-means-or-by-filling-system/.

GDPR 的实施标志着全球企业处理与保护个人数据领域的划时代转折，用户个人对数据可行使的权利更多且更有保障。随着中国及世界其他国家或地区个人信息保护立法的加强，以及全社会个人信息保护意识的觉醒，游戏公司作为获取玩家大量个人信息的数据控制者，务必不断提高自身的数据合规水平和能力以适应法律政策环境的变化，同时将数据合规能力打造成自身的核心竞争力来赢得更多玩家的好感和信任，而那种因 GDPR 合规成本过高而拒绝高度个人数据保护来避免风险的做法终究不是长久之计。

6.3　新加坡对游戏出海数据合规的要求 ❶

6.3.1　收集环节

《个人数据保护法》❷第 9 章中对数据收集环节的相关规定如下。

替代性争议解决方式

48G.（1）如果委员会认为个人（在本节中称为"投诉人"）针对某个组织的任何投诉通过调解解决可能更合适，则委员会可以在未经投诉人和该组织同意的情况下根据争议解决计划将此事提交调解。

（2）根据第（1）款的规定，无论是否得到投诉人和该组织的同意，委员会可以指示投诉人或该组织或二者尝试按照委员会指示的方式解决投诉人的投诉。

（3）就第（1）款而言，委员会可以制订或批准一项或多项争议解决方案，

---

❶ 蒋晓焜，李金招 . 游戏网推涉及玩家数据合规：新加坡篇 [EB/OL] .（2020-04-28）[2023-08-17] . https://mp.weixin.qq.com/s/TrN1_HqX9YjF7E_TMIO7mA.

❷ Personal Data Protection Act 2012 [EB/OL] .（2021-12-31）[2023-03-24] . https：//sso.agc.gov.sg/Act/PDPA2012.

以解决投诉人对组织的投诉。

（4）经部长批准，委员会可根据第 65 条制定法规，规定与争议解决计划中运营商的运作有关的事宜，包括：

（a）根据争议解决方案提供的服务的标准或要求；

（b）运营商可能对根据争议解决方案提供的服务收取的费用；

（c）经营者必须保存的记录及这些记录的保存期限；

（d）运营商必须向委员会提交的报告，以及提交这些报告的方式和时间；

（e）与争议解决计划的管理有关的事宜；和

（f）一般而言，为了施行或执行第（1）款及第（3）款的目的。

审查权

48H.（1）根据投诉人的申请，委员会可以审查——

（a）某个组织拒绝提供投诉人根据第 21 条请求的个人数据或其他信息的访问权，或者该组织未能在合理时间内提供该访问权；

（b）某个组织拒绝投诉人根据第 22 条提出的请求更正个人数据，或者该组织未能在合理时间内进行更正；

（c）转移组织拒绝根据第 26H 条提出的数据转移请求传输任何适用的数据，或者转移组织未能在合理时间内传输适用的数据；

（d）某个组织就投诉人根据第 21 条或第 22 条提出的请求向投诉人收取的费用；或者

（e）转移组织就投诉人根据第 26H 条提出的数据转移请求向投诉人或接收组织收取的费用。

（2）在完成第（1）款规定的审查后，委员会可以：

（a）确认拒绝提供对个人数据或其他信息的访问，或指示该组织在委员会规定的时间内提供对个人数据或其他信息的访问；

（b）确认拒绝更正个人数据，或指示该组织按照委员会规定的方式和时间更正个人数据；

（c）确认拒绝传输适用数据，或指示转移组织按照委员会规定的方式和时间传输适用数据；或者

（d）确认、减少或拒绝收费，或指示组织或转移组织（视情况而定）向投诉人或接收组织（视情况而定）退款。

指令权

48I.（1）如果委员会确信——

（a）组织尚未遵守或正在不遵守第 3、4、5、6、6A 或 6B 部分的任何规定；或者

（b）任何人没有遵守或正在不遵守第 9 部分或第 48B（1）条的任何条文，向组织或个人（视情况而定）提供委员会认为适合具体情况的任何指示，以确保遵守该规定。

（2）在不限制第（1）款的情况下，如果委员会认为在具体情况下适合确保遵守第 3、4、5、6、6A 或 6B 部分的任何规定，委员会可以向组织提供以下全部或任何内容：

（a）停止违反本法收集、使用或披露的个人数据；

（b）销毁违反本法收集的个人数据；

（c）遵守委员会根据第 48H（2）条发出的任何指示。

6.3.2　使用环节

《个人数据保护法》❶第 4 章中对数据使用环节的相关规定如下。

---

❶ Personal Data Protection Act 2012 [EB/OL].（2021-12-31）[2023-03-24]. https：//sso.agc.gov.sg/Act/PDPA2012.

需要授权

13. 组织不得在指定日期当日或之后收集、使用或披露有关的个人资料，除非——

（a）个人根据本法令给予或被当作已给予他人数据的收集、使用或披露的授权（视具体情况而定）；或者

（b）未经个人授权，根据本法或任何其他书面法律要求或授权收集、使用或披露数据（视具体情况而定）。

提供授权

14.（1）个人没有根据本法给予授权，为了某一目的收集、使用或披露该个人资料，除非——

（a）个人已获提供根据第 20 条所需的资料；和

（b）个人根据本法令为此目的提供授权。

（2）组织不得——

（a）作为提供产品或服务的条件，要求个人授权收集、使用或披露有关个人数据，但超出为该个人提供产品或服务的合理性；或者

（b）通过提供有关收集、使用或披露的个人资料，使用欺骗性或误导性做法的虚假或误导性资料，取得或企图取得收集、使用或披露个人资料的授权。

（3）在本法令中，在第（2）款的任意情况下给予的任何授权无效力。

（4）在本法令中，凡涉及为个人收集、使用或披露有关个人资料而给予或当作已给予的授权，须包括该当事人事实上已给予或当作已给予的授权可代表该个人有效地收集、使用或披露其个人资料。

推定同意

15.（1）在以下情况中个人须同意组织对其个人进行的数据收集、使用及

披露——

（a）个人并未依照第 14 条明确给予同意，但自愿为组织提供数据；以及

（b）个人自愿提供数据是合理的。

（2）如果个人给予或者被推定同意组织出于特定目的将其数据向其他组织进行披露，那么该个人将被推定同意其他组织对其个人数据的收集和使用。

未经同意的收集、使用和披露

17.（1）组织可——

（a）只有在第 1 附则或第 2 附则的第 1 部分被提及的情况下，并受到该附则的条件规限，组织可以未经个人的同意或从有别于个人的渠道收集该个人数据。

（b）只有在第 1 附则或第 2 附则的第 2 部分被提及的情况下，并受到该附则的条件规限，组织可以未经个人的同意或从有别于个人的渠道使用该个人数据。

（c）只有在第 1 附则或第 2 附则的第 3 部分被提及的情况下，并受到该附则的条件规限，组织可以未经个人的同意或从有别于个人的渠道披露该个人数据。

6.3.3　数据出境

《个人数据保护法》❶第 1 章相关条款规定如下。

法律释义

2.（1）除了本法另有特别规定外……"组织"包括任何个人、公司、非法

---

❶ Personal Data Protection Act 2012 [EB/OL].（2021-12-31）[2023-03-24]. https : //sso.agc.gov.sg/Act/PDPA2012.

人社团或者社会团体、公司分支机构或非法人机构，无论其是否——

（a）根据新加坡法律建立或认可；或者

（b）在新加坡境内有固定居所或者办事机构、营业场所。

《个人数据保护法》❶第6章相关条款规定如下。

26.（1）组织不得向新加坡以外的国家或者地区传输任何个人数据，除非依照本法的规定能确保组织提供的个人数据保护标准能与本法对于个人数据的保护相当。

（2）委员会可以在任何组织的申请下通过书面通知豁免组织在有关任何传输个人数据方面本应依照本条第（1）款所规定的内容。

（3）本条第（2）款下的豁免——

（a）将主要针对委员会在书面中提及条件；以及

（b）不需要在政府公报上做出公告，并可被委员会随时撤回。

（4）委员会可以在任何时候增加、改变或者撤回依照该条所运用的条件。

6.3.4 违规罚则

《个人数据保护法》❷第9章相关条款规定如下。

替代性争议解决方式

48G.（1）如果委员会认为个人（在本节中称为"投诉人"）针对某个组织的任何投诉通过调解解决可能更合适，则委员会可以在未经投诉人和该组织同意的情况下根据争议解决计划将此事提交调解。

---

❶ Personal Data Protection Act 2012 [EB/OL].（2021-12-31）[2023-03-24]. https：//sso.agc.gov.sg/Act/PDPA2012.

❷ Personal Data Protection Act 2012 [EB/OL].（2021-12-31）[2023-03-24]. https：//sso.agc.gov.sg/Act/PDPA2012.

（2）根据第（1）款的规定，无论是否得到投诉人和该组织的同意，委员会可以指示投诉人或该组织或二者尝试按照委员会指示的方式解决投诉人的投诉。

（3）就第（1）款而言，委员会可以制订或批准一项或多项争议解决方案，以解决投诉人对组织的投诉。

（4）经部长批准，委员会可根据第 65 条制定法规，规定与争议解决计划中运营商的运作有关的事宜，包括：

（a）根据争议解决方案提供的服务的标准或要求；

（b）运营商可能对根据争议解决方案提供的服务收取的费用；

（c）经营者必须保存的记录及这些记录的保存期限；

（d）运营商必须向委员会提交的报告，以及提交这些报告的方式和时间；

（e）与争议解决计划的管理有关的事宜；和

（f）一般而言，为了施行或执行第（1）款及第（3）款的目的。

审查权

48H.（1）根据投诉人的申请，委员会可以审查——

（a）某个组织拒绝提供投诉人根据第 21 条请求的个人数据或其他信息的访问权，或者该组织未能在合理时间内提供该访问权；

（b）某个组织拒绝投诉人根据第 22 条提出的请求更正个人数据，或者该组织未能在合理时间内进行更正；

（c）转移组织拒绝根据第 26H 条提出的数据转移请求传输任何适用的数据，或者转移组织未能在合理时间内传输适用的数据；

（d）某个组织就投诉人根据第 21 条或第 22 条提出的请求向投诉人收取的费用；或者

（e）转移组织就投诉人根据第 26H 条提出的数据转移请求向投诉人或接收组织收取的费用。

（2）在完成第（1）款规定的审查后，委员会可以：

（a）确认拒绝提供对个人数据或其他信息的访问，或指示该组织在委员会规定的时间内提供对个人数据或其他信息的访问；

（b）确认拒绝更正个人数据，或指示该组织按照委员会规定的方式和时间更正个人数据；

（c）确认拒绝传输适用数据，或指示转移组织按照委员会规定的方式和时间传输适用数据；或者

（d）确认、减少或拒绝收费，或指示组织或转移组织（视情况而定）向投诉人或接收组织（视情况而定）退款。

指令权

48I.（1）如果委员会确信——

（a）组织尚未遵守或正在不遵守第3、4、5、6、6A或6B部分的任何规定；或者

（b）任何人没有遵守或正在不遵守第9部分或第48B（1）条的任何条文，向组织或个人（视情况而定）提供委员会认为适合具体情况的任何指示，以确保遵守该规定。

（2）在不限制第（1）款的情况下，如果委员会认为在具体情况下适合确保遵守第3、4、5、6、6A或6B部分的任何规定，委员会可以向组织提供以下全部或任何内容：

（a）停止违反本法收集、使用或披露的个人数据；

（b）销毁违反本法收集的个人数据；

（c）遵守委员会根据第48H（2）条发出的任何指示。

6.4　马来西亚对游戏出海数据合规的要求 ❶

6.4.1　收集环节

《个人资料保护法》❷相关条款规定如下。

一般原则

资料使用者不得处理个人资料，除非获得资料当事人的同意。使用敏感的个人资料有个别的义务，而且受到本法第 40 条规限。资料当事人是指资料里的个人。

告知和选择原则

如果资料使用者有意处理资料当事人的个人资料，那么必须在处理资料前对某些事项提出书面通知。

为了避免违反此原则，资料使用者必须向资料当事人告知以下事项：

资料当事人的个人资料被处理以便使用；

收集和处理资料的目的；

关于该个人资料来源的任何信息；

资料当事人要求取览和纠正的权利，以及如何联络资料使用者询问或提出申诉的权利；

资料使用者要把资料披露给的人或哪类人；

资料当事人限制处理其个人资料的选择；

资料当事人是否义务或自愿提供其个人资料；

---

❶ 蒋晓焜 . 游戏网推涉及玩家数据合规：马来西亚篇 [EB/OL]. （2020-05-08）[2023-08-17]. https://mp.weixin.qq.com/s/rkFQDa9fZ2pbX72zG5SXUA.

❷ Personal Data Protection Act 2010 [EB/OL]. （2017-03-08）[2023-03-30]. https：//www.docin.com/p-1863155880.html.

资料当事人义务提供其个人资料。如果资料当事人不提供其个人资料，那么后果是什么。

6.4.2　使用环节

《个人资料保护法》相关条款规定如下。

一般原则

资料使用者不得处理个人资料，除非获得资料当事人的同意。使用敏感的个人资料有个别的义务，而且受到本法第 40 条规限。资料当事人是指资料里的个人。

告知和选择原则

如果资料使用者有意处理资料当事人的个人资料，那么必须在处理资料前对某些事项提出书面通知。

为了避免违反此原则，资料使用者必须向资料当事人告知以下事项：

资料当事人的个人资料被处理以便使用；

收集和处理资料的目的；

关于该个人资料来源的任何信息；

资料当事人要求取览和纠正的权利，以及如何联络资料使用者询问或提出申诉的权利；

资料使用者要把资料披露给的人或哪类人；

资料当事人限制处理其个人资料的选择；

资料当事人是否义务或自愿提供其个人资料；

资料当事人义务提供其个人资料。如果资料当事人不提供其个人资料，那么后果是什么。

资料当事人可要求资料使用者停止或不要开始为直销而处理其个人资料。如果资料当事人认为资料使用者没有遵照其要求，那么其可向资料保护专员投诉。资料保护专员可规定资料使用者遵照资料当事人的要求。如果资料使用者不遵守，则将触犯法令，可被罚款高达 20 万令吉或监禁长达两年，或二者兼施。"直销"是指以任何广告方式或行销材料向特定的个人进行通信。不遵照此权利的资料使用者将违反法令。

6.4.3　数据出境

《个人资料保护法》❶相关条款规定如下：

个人资料不得输出到国外，除非是部长指定和在宪报上公布的国家，或者该输出属于法令的例外情况；

资料当事人同意其个人资料输出；

资料的输出是必要的，以履行资料当事人与资料使用者之间的合同；

资料的输出是必要的，以履行资料使用者与第三方之间的合同，而且资料的输出是资料当事人所要求的或者为了资料当事人的利益；

资料的输出是为法律程序、争取法律意见、行使法律权利；

资料使用者合理地认为资料的输出会缓和对资料当事人造成的不利影响；

资料使用者保证该个人资料不会以违反任何法律的方式处理；

资料的输出是为了保障资料当事人的重要利益；

资料的输出是为了保障部长所决定的公众利益。

---

❶ Personal Data Protection Act 2010 [EB/OL].（2017-03-08）[2023-03-30]. https：//www.docin.com/
p-1863155880.html.

6.4.4 违规罚则

《个人资料保护法》❶相关条款规定如下。

投诉

任何人如果认为资料使用者涉及其个人资料的行为、做法或请求可能违反了法令，则可以书面形式向资料保护专员投诉。

资料保护专员可进行调查或拒绝调查。

如果经调查证明该行为、做法或请求违法，那么资料保护专员将发出执法通知。

如果资料使用者不遵守通知将构成罪行，就可能被罚款高达 20 万令吉或监禁不超过两年，或二者兼施。

刑事罪行

不遵守法令的条文可构成刑事罪行，而被罚款及监禁。

违反 7 大原则中的任何一项，罚款不超过 30 万令吉或两年监禁，或二者兼施。

违法收集、披露及销售资料，罚款不超过 50 万令吉或 3 年监禁，或二者兼施。

如法人团体被裁定触犯罪刑，则该法人团体的负责人将被视为个人触犯罪刑。某些辩护理由适用。如果有关的负责人可以证明以下事实，则可能不被裁定触犯法令，具体事实如下：

有关的罪行是在该负责人不知情或同意下犯下的；

该负责人已采取一切合理的防范措施和尽职行动预防该罪行的发生，不过要证明上述事实必须承担极大的责任。

---

❶ Personal Data Protection Act 2010 [EB/OL].（2017-03-08）[2023-03-30]. https : //www.docin.com/ p-1863155880.html.

6.5　泰国对游戏出海数据合规的要求

6.5.1　收集环节

《个人数据保护法》❶相关条款规定如下：

除非经过法律允许，在未获得数据主体同意的情况下，禁止收集、使用或透露个人信息；

数据控制者必须告知数据主体其个人数据被收集的目的，且必须征得数据主体的同意。使用或透露被收集的个人信息只能用于已征得同意的目的。

6.5.2　使用环节

《个人数据保护法》❷相关条款规定如下：

如果数据控制者试图出于超出已征得同意的目的使用或透露个人数据，那么数据控制者需要告知数据主体并获得额外同意；

除非数据主体明确同意，否则严禁出于营销目的处理个人数据。

6.5.3　数据出境

《个人数据保护法》❸相关条款规定如下：

该法不适用于个人或家庭活动，其适用范围为居住于泰国的任何数据控制

---

❶ Personal Data Protection Act B.E. 2562（2019）[EB/OL].（2019-05-27）[2022-03-28]. https：//thainetizen. org/wp-content/uploads/2019/11/thailand-personal-data-protection-act-2019-en.pdf.

❷ Personal Data Protection Act B.E. 2562（2019）[EB/OL].（2019-05-27）[2022-03-28]. https：//thainetizen. org/wp-content/uploads/2019/11/thailand-personal-data-protection-act-2019-en.pdf.

❸ Personal Data Protection Act B.E. 2562（2019）[EB/OL].（2019-05-27）[2022-03-28]. https：//thainetizen. org/wp-content/uploads/2019/11/thailand-personal-data-protection-act-2019-en.pdf.

者或数据处理者，无论数据的获取、使用或透露是否在泰国；对于数据控制者或数据处理者居住在泰国以外的情况，如果前述活动的主体为属于居住于泰国的个人的数据，则仅以下情况可适用该法：这些人被提供商品或服务，无论是否涉及付款，以及这些人的行为监视活动发生在泰国境内。

严禁传输个人数据至严重缺乏数据保护法规的第三方国家，下列情况除外：

数据所有者知悉第三方国家的数据保护法律不充分后同意；

必须履行的数据所有者作为合同方的合同义务；

为了没有能力给予同意授权的数据所有者的利益；以及

数据传输的接收方为委员会官方标志认证的个人或实体，声明完全符合个人数据保护实践，及（或）属于国际协议建立的法律框架下的交易，或根据其他法律要求。

6.5.4　违规罚则

《个人数据保护法》[1] 相关条款规定如下：

第 44 条 个人资料管理员违反或不遵守第 22 条第 1 款（收集信息要告知），第 24 条、第 25 条、第 26 条（利用、披露信息要获得同意），第 27 条（数据出境）、第 30 条、第 31 条或第 32 条的规定，可处以不超过 6 个月的监禁或不超过 30 万泰铢的罚款，或二者并罚。

如果本条第 1 款规定的罪行是为了使自己或他人非法受益或对他人造成损害，那么个人资料管理员应被判处不超过两年的监禁，或不超过 200 万泰铢的罚款，或同时判处监禁。

---

[1] Personal Data Protection Act B.E. 2562（2019）[EB/OL].（2019-05-27）[2022-03-28]. https : //thainetizen. org/wp-content/uploads/2019/11/thailand-personal-data-protection-act-2019-en.pdf.

第 45 条 任何人因履行本法规定的职责而获知他人的个人资料，并将其透露给任何其他人，应处以不超过 1 年的监禁或不超过 2 万泰铢的罚款，或二者并罚。

在下列情况下，本条第 1 款的规定不应适用于披露信息。

（1）属于履行职责的情况；

（2）为依法对官员进行调查和审讯而披露的；

（3）为起诉犯有本法规定的罪行的人而进行的；

（4）为遵守委员会规定的个人数据保护规则而进行的更正；

（5）向涉及该事项的国内或国外政府机构披露的；

（6）已获得个人的书面同意。

6.6　菲律宾对游戏出海数据合规的要求 ●

6.6.1　收集环节

《2012 年数据隐私法》●相关条款规定如下。

第 12 条 合法处理个人信息的标准——只有在法律不禁止的情况下，并且至少存在以下条件之一时，才允许对个人信息进行处理。

（a）信息主体已经同意；

（b）对个人信息的处理是必要的，并且与履行与信息主体的合同有关，或者是为了在签订合同前应信息主体的要求采取措施；

● 蒋晓焜，李金招 . 游戏网推涉及玩家数据合规：菲律宾篇 [EB/OL].（2020-05-14）[2023-08-17]. https://mp.weixin.qq.com/s/e-xAV9_nzTVm8Z8xtkJ4LQ.

● Republic Act 10173：Data Privacy Act of 2012 [EB/OL].（2012-07-25）[2023-03-28]. https：//www. privacy.gov.ph/data-privacy-act/.

（c）为履行个人信息控制者所承担的法律义务而必须进行的处理；

（d）为保护信息主体的极其重要的利益，包括生命和健康，有必要进行处理；

（e）为应对国家紧急情况，遵守公共秩序和安全的要求，或为履行公共机构的职能（其中必然包括为执行其任务而处理个人资料）而必须进行处理；或

（f）为个人信息控制者或被披露数据的第三方所追求的合法利益而必须进行处理，除非这些利益被需要根据《菲律宾宪法》保护的数据主体的基本权利与自由凌驾。

6.6.2　使用环节

《2012 年数据隐私法》❶相关条款规定如下。

第 3 条　……

（d）直接营销是指以任何方式向特定个人传播任何广告或营销材料。

第 11 条　一般数据隐私原则——在遵守本法和其他允许向公众披露信息的法律规定，并遵循透明、合法目的和相称性原则的前提下，应允许对个人信息进行处理。

个人信息应：

（a）在收集之前或收集之后，在合理可行的情况下为特定的和合法的目的而收集，并在之后的处理过程中仅与这些宣布的、特定的和合法的目的相一致；

（b）公平和合法地被处理；

（c）准确、相关，并且在处理个人信息的目的需要时保持最新；不准确或

---

❶ Republic Act 10173：Data Privacy Act of 2012 [EB/OL].（2012-07-25）[2023-03-28]. https：//www. privacy.gov.ph/data-privacy-act/.

不完整的数据必须被纠正、补充、销毁或限制进一步处理；

（d）与收集和处理这些信息的目的相比，是适当的、不过度的；

（e）仅为实现获取数据的目的，或为建立、行使或捍卫法律要求，或为合法的商业目的，或法律规定的必要时间内保留；以及

（f）以允许识别数据主体的形式保存的时间不超过收集和处理数据的目的所需的时间，但为其他目的收集的个人信息可用于历史、统计或科学，并在法律规定的情况下可保存更长的时间，前提是上述授权处理的法律必须确保有足够的保障措施。

个人信息控制者必须确保执行本规定的个人信息处理原则。

第 14 条 个人信息的分包——个人信息控制者可以将个人信息的处理分包出去，但是个人信息控制者应负责采取适当的保障措施，以确保所处理的个人信息的保密性，防止其被用于未经授权的目的，并在总体上遵守本法和其他法律对处理个人信息的要求。个人信息处理者应遵守本法和其他适用法律的所有要求。

第 20 条 ……

（d）个人信息控制者必须进一步确保代表其处理个人信息的第三方执行本规定要求的安全措施。

第 21 条 问责原则——每个个人信息控制者对其控制或保管的个人信息负责，包括转移给第三方处理的信息，无论是在国内还是国际，都要遵守跨境安排和合作。

（a）个人信息控制者有责任遵守本法的要求，并应使用合同或其他合理手段在信息由第三方处理时提供同等级别的保护。

（b）个人信息控制者应指定一名或多名个人对该组织遵守本法的情况负责。被指定的个人的身份应根据要求向任何信息主体公布。

6.6.3 数据出境

《2012 年数据隐私法》[1] 相关条款规定如下。

第 3 条 术语的定义——在本法中，以下术语应具有各自的含义。

……

（h）个人信息控制者是指控制收集、持有、处理或使用个人信息的个人或组织，包括指示另一个人或组织代表其收集、持有、处理、使用、转让或披露个人信息的个人或组织。本术语不含以下情况：

（1）按照另一个人或组织的指示履行此类职能的个人或组织；以及

（2）收集、持有、处理或使用与个人、家庭或家庭事务有关的个人信息的个人。

第 21 条 问责原则——每个个人信息控制者对其控制或保管的个人信息负责，包括已转移给第三方处理的信息，无论是在国内还是国际，都要遵守跨境安排和合作。

（a）个人信息控制者有责任遵守本法的要求，并应使用合同或其他合理手段在信息由第三方处理时提供同等级别的保护。

（b）个人信息控制者应指定一名或多名个人负责该组织对本法的遵守。被指定的个人的身份应根据要求向任何信息主体公布。

6.6.4 违规罚则

《2012 年数据隐私法》[2] 相关条款规定如下。

---

[1] Republic Act 10173：Data Privacy Act of 2012 [EB/OL].（2012-07-25）[2023-03-28]. https：//www.privacy.gov.ph/data-privacy-act/.

[2] Republic Act 10173：Data Privacy Act of 2012 [EB/OL].（2012-07-25）[2023-03-28]. https：//www.privacy.gov.ph/data-privacy-act/.

第 25 条 未经授权处理个人信息和敏感信息。

（a）擅自处理个人信息的行为将被处以 1~3 年的监禁，并处以 50 万菲律宾比索以上的罚款，但不超过 200 万菲律宾比索。对未经信息主体同意，或者未经本法或任何现行法律授权而处理个人信息的人，应处以罚款。

（b）未经授权处理个人敏感信息的将被处以 3 ～ 6 年的监禁，并处以不少于 50 万菲律宾比索的罚款，但不超过 400 万菲律宾比索。对未经信息主体同意，或者未经本法或任何现行法律授权而处理个人信息的人，应处以罚款。

第 32 条 未经授权的披露。

（a）任何个人信息控制者或个人信息处理者或任何官员、雇员或代理人，如果在未经信息主体同意的情况下向第三方披露前述条款未涉及的个人信息，那么将被处以 1 ～ 3 年的监禁，并处以不少于 50 万菲律宾比索的罚款，但不超过 100 万菲律宾比索。

（b）任何个人信息控制者或个人信息处理者或任何官员、雇员或代理人，在未经信息主体同意的情况下向第三方披露前述条款未涉及的个人敏感信息，将被处以 3~5 年的监禁，并处以不少于 50 万菲律宾比索的罚款，但不超过 200 万菲律宾比索。

第 35 条 最高额度——因上述行为造成至少 100 个人的个人信息受到伤害、影响或牵连时，应按照上述违法行为各自规定的处罚规模处以最高罚款。

第7章 特定区域的游戏发行政策

7.1 日本的游戏发行政策

7.1.1 概述 ❶

日本对游戏行业的监管可谓一部"软法治理的教科书"。从20世纪80年代末开始，乘着经济增长的东风，日本动漫、游戏产业逐步坐稳东亚的头把交椅，陆续涌现诸多极具代表性的作品，也开启了游戏野蛮增长的时代。游戏引发的一系列社会事件给日本游戏行业带来了震动，社会公众、政治人物（包括国会议员）、行政部门等开始关注游戏行业，探讨对游戏行业的监管。1992年7月，日本宫崎县修订《青少年保护育成条例》，将GAINAX旗下的《电脑学园》游戏定为"有害书籍"，为日本游戏行业的行政监管吹响号角。

在此背景下，日本游戏从业者并未抵触监管，而是发挥了过人的智慧——与其被行政命令强行规制，不如先"自断手指"以示决心，寻求一条政府、社会舆论、开发者均能接受的道路。1992年8月25日，自治小团体、成人游戏公司、电脑软件协会共聚一堂，开始探讨如何将游戏按年龄许可分类，并制定了让各条销售渠道遵守规范的解决方案。一个具有自律性质的"道德委员会"就此应运而生，被命名为"计算机软件伦理机构"（EOCS）。

---

❶ 箱子. 隔海相望的日本，有家不一样的"游戏道德委员会"[EB/OL].（2018-12-18）[2023-03-14]. http://www.vgtime.com/topic/1043708.jhtml?page=3.

虽然 EOCS 的主要职责是对游戏道德、伦理进行限制和审查，但归根结底 EOCS 也只是社团法人，实际上是没有立法实权的民间组织，其提出的意见仅有参考作用。当时，日本有 46 个都道府县推出了各自的《青少年保护育成条例》，其中多数仅对出版物进行了一些笼统限制。由于 EOCS 提出了系统规则，再加上其与销售商之间的关系更为紧密，于是被府县官方纳入法规的一环，很快就成了 21 个府县的认证审查组织，从而获得了近似于"软法"的权利。

无独有偶，在 EOCS 之后成立的计算机娱乐评级机构（CERO）也是这样的社团组织，是由日本计算机娱乐供应商协会（CESA）于 2002 年成立的特定非营利活动法人团体，其主要业务为负责日本发行的电脑与视频游戏的分级制度的制定及游戏分级的审查。

因此，日本建立了由 CERO、EOCS 等非官方组织构建的游戏分级体系，对游戏进行分级管理。除了游戏分级外，近年日本官方与非官方也在进一步探索对游戏时间、身份识别等进行监管，尤其是 2020 年爆发的新型冠状病毒肺炎疫情导致未成年人沉迷网络游戏的情况加剧，不但加快了游戏监管的步伐，也引发了一系列社会争议，值得更多关注。

日本的 CERO 游戏分级及其标识、EOCS 游戏分级及其标识可参见第 5 章 5.4 中的相关内容。如今，EOCS 的审查对象偏向 PC 游戏和成人游戏，而这些游戏一般由 CERO 负责分级。

7.1.2　Google Play 与 App Store 的特殊分级安排

实际上，Google Play 的日本商店并未真正使用 CERO、EOCS 等非官方组织构建的游戏分级体系，而采用国际年龄分级联盟（IARC）的分级。

---

❶ 陈乙捷. 日本游戏市场 | 电子游戏的监管框架（二）[EB/OL].（2020-08-13）[2023-08-17]. https://mp.
weixin.qq.com/s/eg2UnSobb-Sk7FXut0JPJQ.

另外，App Store 的日本商店并未真正使用 CERO、EOCS 等非官方组织构建的游戏分级体系，而采用自己编制的分级规则。

笔者认为，在日本此类由行业协会和销售商组成的社会自治、软法治理的游戏分级体系下，Google Play 与 App Store 的特殊分级安排并未背离行业协会和销售商的自治理念，而且无公权力机关进一步介入规制 Google Play 和 App Store 的特殊分级安排。Google Play 与 App Store 的特殊分级安排目前得到了社会的普遍认可，因此在日本具有可执行性。如果游戏仅在 Google Play 与 App Store 上架手机游戏，而不进一步通过其他销售商，如主机游戏通过日本实体商店销售游戏光碟等，那么不必强制要求 CERO、EOCS 分级。

7.1.3 防沉迷 ●

除了游戏分级外，近年日本官方与非官方也在进一步探索对游戏时间、身份识别等进行监管，尤其是 2020 年开始的新型冠状病毒肺炎疫情导致未成年人沉迷网络游戏的情况加剧，因此加快了游戏监管的步伐。

2020 年 3 月，日本香川县议会正式通过《网络及游戏成瘾对策条例》。●该条例从 4 月起实施，它也是日本第一个与"游戏成瘾"相关的法案。该条例规制 18 岁以下的人群，限制儿童玩计算机游戏的时长，如平时每天的游戏时长不超过 60 分钟；假期每天的游戏时长不超过 90 分钟；初中及以下学生的智能手机设置为每天 21 时以后不可使用，其他学生人群的智能手机设置为每天 22 时以后不可使用。但是，该条例没有罚则（即违反该条例的不利法律后果）。实际

● 陈乙捷. 日本游戏市场 | 电子游戏的监管框架（三）[EB/OL].（2020-08-17）[2023-08-17]. https:// mp.weixin.qq.com/s/e3E2Coaxbi2VWZj4Uk9pgA.

● 香川县网络游戏依赖症对策条例 [EB/OL].（2020-07-21）[2022-03-28]. https：//www.pref.kagawa. lg.jp/ documents/1150/wvl90x200716114340_f01_1.pdf.

上，在此之前的 2020 年 2 月，厚生劳动省会同日本中央各部门和医疗部门举行了游戏等行业组织的第一次会议，并且已经开始讨论应对游戏成瘾的措施。

香川县议会通过的《网络及游戏成瘾对策条例》无论是内容还是制定过程，都存在不少问题及争议。在该条例通过前，有人指出它是在 "预防未经科学证明的所谓疾病"，且存在 "限制公民通信" "干扰经济权利" 等问题。该条例通过后不久，一名日本中学生聘请律师向高松市地方法院提起诉讼，称《网络及游戏成瘾对策条例》侵犯基本人权，违反日本宪法。后来，香川县律师协会发表声明，要求废除该条例、删除条例第 18 条第 2 款，认为该条例缺乏制定依据，违反日本宪法和《儿童权利公约》。律师在声明中称，将 "网游成瘾" 等同于成人药物依赖的理由不明确，网游成瘾已成为社会问题并不成立，世界卫生组织对 "游戏障碍" 的定义并不包括不属于游戏行为的网络使用，并且指出 "网络或游戏成瘾" 与 "游戏障碍" 的定义并不匹配，不能为预防网络依赖提供依据，因此首先缺乏立法事实。对此，香川县政府表示没有理由废除该条例或删除该条例第 18 条第 2 款，并根据香川县教育委员会和栗山医疗中心的独立研究认为，从临床上看未成年人依赖电子游戏很有可能对其学业、身体和心理能力产生负面影响，限制子女的闲暇时间是父母或监护人的责任，为了实现儿童的学习权利对其进行一定限制是宪法规定的必然结果。因此，在争议声中，除香川县以外的日本其他地区尚未能对防沉迷、游戏时间等做出进一步监管。

7.1.4　过滤机制 ●

2007 年 12 月，日本总务省要求手机运营商原则上须为青少年手机用户提

● 陈乙捷．日本游戏市场 | 电子游戏的监管框架（三）[EB/OL]．（2020-08-17）[2023-08-17]．https://mp.weixin.qq.com/s/e3E2Coaxbi2VWZj4Uk9pgA.

供网络过滤服务；2008 年 6 月,《营造青少年可以安全安心利用网络的环境的法律》(简称 "《整备青少年网络环境法》") 获得日本议会通过, 2009 年 4 月正式开始实施。日本成人年龄为 20 岁, 该法针对对象为 18 岁以下青少年。而所谓对青少年有害的信息, 包括引诱、唆使、帮助违法行为的信息, 引诱自杀的信息、淫秽信息及描绘杀人、行刑、虐待等残酷行为的信息。❶ 根据该法, 为青少年办理手机入网时, 监护人必须向运营商讲明用户的未成年人身份, 运营商有义务提供手机上网信息过滤服务。只要监护人不提出反对使用, 手机运营商就必须开通此服务。❷

对于网络接入服务商, 该法规定 "必须以使用青少年不良信息过滤服务为条件提供接入服务"。对于接入终端设备商, 该法规定 "应采取预装青少年不良信息过滤软件等方法, 令使用者能较方便地使用过滤软件或过滤服务后, 方可进行销售"。对于过滤软件开发方, 该法规定 "应努力减少有害于青少年且浏览不受限制的信息, 提高软件和服务的性能和便捷性"。对于网络内容服务商, 该法规定 "应尽可能采取使青少年无法通过网络浏览不良信息的措施" "建立接受国民举报青少年不良信息的制度" "建立并保存与防止青少年浏览措施相关的记录"。

2009 年 4 月, 日本 NTT DoCoMo 公司已据此法推出手机上网连接受限服务条款, 自动为未成年人提供上网过滤服务。2009 年下半年, 日本各手机运营商细分了服务标准, 开始根据年龄段提供不同的过滤服务。家长作为监护人, 必须懂得如何使用过滤软件过滤儿童不宜的内容, 并和孩子保持良好的沟通。

---

❶ 日本运营商为未成年手机用户提供网络过滤服务 [EB/OL].（2010-02-03）[2023-03-14]. https：//www.21ic.com/news/rf/201002/506473.htm.

❷ 日本运营商为未成年手机用户提供网络过滤服务 [EB/OL].（2010-02-03）[2023-03-14]. https：//www.21ic.com/news/rf/201002/506473.htm.

因此，除分级机制外，在日本运营的游戏（不仅是手机游戏，还包括网页游戏、H5 游戏等）均可能受到上述过滤机制的影响而无法在终端设备上正常运行。

7.2　越南的游戏发行政策

7.2.1　概述 ❶

截至 2018 年，越南总人口数全年平均为 9467 万人，游戏用户超过 3000 万人，游戏用户约占总人口数的 32%。到 2015 年第二季度，越南占东南亚手机游戏市场份额的 37%，其总营收达 8300 万美元，是泰国市场（在东南亚手机游戏营收排行榜上位列第二）的 1.5 倍，等于印度尼西亚、马来西亚、菲律宾、新加坡四个国家的手机游戏营收总和。越南被称为"中国游戏后花园"。❷

以前，中国发行商在越南市场只要通过 Google Play 和 App Store 等支付渠道就可以经营自己的游戏，现在越南制定专门限制游戏发行的法律法规，进一步限制中国发行商在越南的经营权。例如，Google Play 和 App Store 的支付渠道开始在越南被封锁，导致很多非法发行商面临被处置的境况。根据当地媒体的报道，越南当局一直在加强对 App Store 和 Google Play 发布的非法网络游戏的控制，自 2017 年以来 Google Play 和 App Store 已经删除了百余款在越南发行的游戏。

2020 年，越南信息和通信部进一步修改关于互联网服务管理的法令草案，该草案着力处理游戏在线行业中出现的问题，中国游戏企业进入越南游戏市场变得越发艰难。然而，困难既是挑战，也是机遇，网络游戏公司如果能透彻了

---

❶ 蒋晓焜，李金招 . 越南游戏市场整体概况（一）[EB/OL].（2021-09-02）[2023-03-14]. http：//www.tenetlaw.com/index.php?m=content&c=index&a=show&catid=8&id=1658.

❷ payssion 跨境支付：越南游戏市场及支付环境 [EB/OL].（2016-01-04）[2023-03-14]. https：//mp.weixin.qq.com/s/yGYX1Af8x90KayQh_yJJxA.

解越南的游戏政策，那么还是有机会在其他游戏企业被阻挡在外时抓住越南将近 9500 万玩家的游戏市场。

1. 礼仪习俗

越南是一个多民族国家，共有 54 个民族，京族（也称"越族"）为主体民族。越南语为官方语言，也是通用语言和主要民族语言。部分居民会讲英语。

传统儒家思想和东方价值观在越南占主导地位。人们在日常生活中注重礼节，见面习惯打招呼或互致问候。见面时，通行握手礼，苗族、瑶族行抱拳作揖礼，高棉族多行合十礼。京族人不喜欢别人用手拍背或用手指着人呼喊。不少越南人有染齿的习俗。越南人喜爱桃花，认为桃花鲜艳、美丽，是吉祥之花，能给人带来好运。越南人喜欢养狗。❶

2. 互联网及手机游戏市场概况

越南的三大移动运营商为越南军用电子电信公司（Viettel）、越南移动电信总公司（Mobi Fone）和越南维纳风移动通信公司（Vinaphone）。据越南《福布斯》报道，2016 年越南的智能手机渗透率只有 36%，越南智能手机的普及率较低。越南移动市场的一大特点为网络资费低、网络速度快。越南是 Wi-Fi 覆盖非常广的国家，在大城市上网几乎都是免费的。❷据报道，越南目前主流的预付费流量套餐为 3GB/20 万越南盾（约合人民币 60 元）。与此同时，运营商还执行优惠政策，用户套餐内流量用完后再上网产生的流量不收费。这也使得越南用户对流量的敏感度不如东南亚其他国家。同时，越南的网速也很快，

---

❶ 中国商务新闻网. "儿童"唤作小弟小妹，忌讳三人合影，越南的习俗真是看不懂 [EB/OL].（2021-03-11）[2023-03-14]. https：//baijiahao.baidu.com/s?id=1693917557265031559&wfr=spider&for=pc.

❷ 中国 App 与游戏出海报告：越南篇 [EB/OL].（2017-03-27）[2023-03-30]. https：//www.sohu.com/a/130623262_656805.

3G 的传送速率和 10MB 的 Wi-Fi 速率相当。❶

虽然越南没有很高的国内生产总值（GDP），智能手机普及率也不是很高，但越南的手机游戏收入很可观。根据 2015 年越南的游戏公司 Soha Game 发布的资料，越南占有东南亚手游市场收入总额近 40%，相当于印度尼西亚、马来西亚、菲律宾、新加坡的总和，同时是泰国的 1.5 倍。❷

3. 支付方式

2014 年，越南只有 1.9% 的成年人持有信用卡，相比 2011 年 1.2% 的信用卡持有率仅有轻微的增长。这使得越南成为东南亚信用卡市场渗透率最低的国家。❸据尼尔森全球储蓄和投资策略报告显示，越南人使用现金支付的比例达到 61%，远超其他种类支付方式。❹

在越南，游戏玩家充值大多采用预付卡形式。Viettel、Mobi Fone 和 Vinaphone 要求游戏用户提供第三方商家发送的移动凭证码进行支付。三家运营商服务的共同点是客户要购买一张预付卡，刮开后获得支付码；通过付费给线下便利店，要求店员打印一份凭证码，然后输入所要消费的网站进行消费，消费完成后，验证码将被自动收回，用户购买完成。在越南，电信运营商官方发行的电子支付代码是一种主流支付方式。这些电子支付代码可以被广泛使用，而且任何一个手机用户都知道该怎么做优惠券代码，因此这是一种很直观的支付体验。

❶ 中国 App 与游戏出海报告：越南篇 [EB/OL]．（2017-03-27）[2023-03-30]. https：//www.sohu.com/a/130623262_656805.

❷ 余然．印尼、马来西亚、泰国、菲律宾、新加坡、越南六国 App & 游戏市场解析 [EB/OL]．（2016-12-16）[2023-03-30]. https：//www.baijing.cn/article/9268.

❸ 越南支付概述：现金作为首要付款方式 [EB/OL]．（2016-01-28）[2023-03-30]. https：//www.baijing.cn/article/3801.

❹ 越南支付概述：现金作为首要付款方式 [EB/OL]．（2016-01-28）[2023-03-30]. https：//www.baijing.cn/article/3801.

7.2.2　监管政策 ❶

1. 游戏监管主体

越南信息和通信部（MIC）是越南的游戏监管机构，其职责和责任在 2013 年 7 月 15 日发布的第 72/2013/ND-CP 号政府法令中做了规定。隶属于信息和通信部的广播、电视、电子信息司负责对电子游戏许可证及电子游戏脚本授权进行初步评审。

2. 电子游戏分类制度 ❷

（1）G1 类游戏，即多个玩家通过游戏服务器进行交互的电子游戏。

（2）G2 类游戏，即玩家仅和游戏服务器产生交互的电子游戏。

（3）G3 类游戏，即仅玩家之间产生交互，玩家与游戏服务器之间不存在交互的电子游戏。

（4）G4 类游戏，即从网上下载的电子游戏，游戏玩家之间及游戏与服务器之间均不产生交互。

3. 电子游戏分级制度 ❸

1）电子游戏按年龄段分级

（1）适合成年人（18 岁及以上，标注为"18 岁以上"）的电子游戏是指有武装战斗的游戏，但无色情行为的声音或图像。

---

❶ 蒋晓焜，李金招．越南游戏市场（二）| 游戏法规梳理之一 [EB/OL].（2020-05-23）[2023-08-17]. https://mp.weixin.qq.com/s/vtO8zLztgceDT0wfCVg_OQ.

❷ Decree No. 72/2013/ND-CP of July 15, 2013, on the Management, Provision and Use of Internet Services and Online Information [EB/OL].（2013-09-01）[2023-03-30]. https : //english.mic.gov.vn/Pages/VanBan/11310/72_2013_ND-CP-.html.

❸ Decree No. 72/2013/ND-CP of July 15, 2013, on the Management, Provision and Use of Internet Services and Online Information [EB/OL].（2013-09-01）[2023-03-30]. https : //english.mic.gov.vn/Pages/VanBan/11310/72_2013_ND-CP-.html.

（2）适合青少年（12 岁及以上，标注为"12 岁以上"）的电子游戏是指无近距离和图形化武器形象的武装战斗游戏；有限制或减弱武器撞击声音的游戏；无暴露皮肤特征的声音、行为、形象，无近距离显示人体敏感部位的游戏。

（3）适合每个人（标注为"00+"）的电子游戏是指没有武装战斗的动漫游戏；没有鬼怪、恐怖、暴力的形象、声音的游戏；没有外露皮肤的人物形象的游戏；没有对人体敏感部位的特写关注的游戏。

2）电子游戏服务商在游戏分级中的职责

（1）按本条第 1 款规定进行自我分级。

（2）在电子游戏 G1 的授权脚本申请中或在提供电子游戏 G2、G3、G4 的公示中标示电子游戏的评级。电子游戏分级是评价视频游戏 G1 的标准之一。

（3）在玩家使用视频游戏时，在广告窗口和设备屏幕左上角显示视频游戏的年龄等级。

如有理由认为电子游戏 G2、G3、G4 相关的年龄等级不符合本条第 1 款规定的，广播、电视、电子信息司可要求游戏提供者在 10 个工作日内以书面形式修改评级。游戏提供者未按要求修改评级的，广播、电视、电子信息司应书面要求其停止发行该游戏，并采取保护玩家利益的措施。如果游戏提供者自提出要求之日起 10 个工作日后仍不停止发行该游戏的，广播、电视、电子信息司应撤销其电子游戏登记证明文件。

4. 游戏许可证的相关要求 ❶

G1 类电子游戏许可证的相关要求

1）申请 G1 类电子游戏许可证时企业需符合的条件

（1）企业是根据越南法律成立的，并且其与在线游戏服务相关的业务范围

❶ Decree No. 72/2013/ND-CP of July 15, 2013, on the Management, Provision and Use of Internet Services and Online Information [EB/OL].（2013-09-01）[2023-03-30]. https : //english.mic.gov.vn/Pages/VanBan/11310/72_2013_ND-CP-.html.

已在国家商业登记门户网站上公布。

（2）已注册域名提供服务。

（3）企业的资金、技术资源和合格人员足以满足本法令第 32a 条、第 32b 条规定的经营需要。

（4）采取了确保信息安全的措施。

2）申请 G1 类电子游戏许可证时游戏负责人需符合的条件

（1）总部有明确的地址、电话号码。

（2）根据其经营范围，有负责电子游戏管理的工作人员，1 名工作人员管理两台服务器。

3）申请 G1 类电子游戏许可证时电子游戏设备或系统需符合的条件

（1）能够存储和更新玩家的完整信息，包括全名、出生日期、永久居留地址、身份证或护照号码及签发日期和地点、电话号码、电子邮件。年龄小于 14 岁且未取得身份证或护照的玩家，应按本项规定由其法定监护人登记其个人信息。

（2）电子游戏的支付系统必须位于越南，并与越南支付企业相关联，确保准确和充分的信息更新、存储，并使玩家能够搜索其支付账户的详细信息。

（3）管理游戏竞技时间，确保 18 岁以下玩家每天的游戏时间不超过 3 个小时。

（4）持续在广告或所有游戏中公布电子游戏的分级。

（5）在游戏运行界面的显著位置持续给予玩家警告，如游戏时间超过 180 分钟将会严重损害您的健康。

（6）制订计划以确保服务质量和玩家利益。

（7）根据本法令第 2 款第 23d 项的规定，有对游戏论坛内容（如有）进行管理的技术措施和做法。

（8）有设备及连接备份计划和数据库备份计划，当系统发生故障时维护系统的安全。

（9）有确保玩家安全、信息安全和个人信息保密的计划。

（10）做好网络实名制和防沉迷工作。

4）G1 类电子游戏许可证的申请手续

（1）提出电子游戏许可证申请表。

（2）提交有效的副本，包括从主登记册或经核证的真实副本中提取的副本，或随工商登记证书原件附上的副本，或在第 67/2014/QH13 号投资法和第 68/2014/QH13 号企业法生效前颁发的其他有效证书、同等效力的执照副本。

（3）如为国际域名，需提供合法域名的使用证明。

（4）提供电子游戏 G1 的方案，方案至少包含以下内容。

（a）电子游戏设备或系统需符合上述要求。

（b）设备或系统的总平面布置图，设备或系统的位置。

（c）设备或系统的详细情况，包括主要部分和备用部分，各设备的名称、功能、预期配置。

（d）服务提供方式和范围的详细情况，连接互联网和电信网络的计划（如企业名称、域名、IP 地址、连接通道容量、游戏发行渠道）。

（e）关于游戏支付系统的详细情况及与越南境内支付服务商的连接计划（如企业名称、连接方式、各方权利和责任）。

（f）互联网资源的使用计划。

（g）服务质量和玩家利益的保障计划。

（h）服务系统的监控系统（硬件、软件）的详细情况；数据备份和设备及连接相关的备份计划；运营、提供和使用服务的过程；保护玩家的保密和个人信息计划。

（i）关于保护玩家信息安全和个人信息的系统（硬件、软件）的详细情况；专业机构之间的合作以确保信息安全。

5）G1 类电子游戏许可证的审核流程

申请人应当向信息和通信部的广播、电视、电子信息司提出电子游戏 G1 经营许可申请，申请书由原件组成，并通过窗口、邮寄、互联网等提交材料。

自收到合格申请之日起 30 个工作日内，信息和通信部应审核附录 1 中的第 16 号表格，之后发放 G1 类电子游戏许可证。如果申请被拒绝，那么信息和通信部必须以书面形式做出解释。

6）G1 类电子游戏许可证的有效期

G1 类电子游戏许可证的有效期为游戏企业自行申请的期限，但不超过 10 年。在游戏许可证失效前，如果其持有人仍希望继续经营但不能申请换证，就必须申请续期。游戏许可证只能续期 1 次，有效期不超过 1 年。

7）G1 类电子游戏许可证的暂停

游戏提供商有下列违规行为的，信息和通信部将暂停其 G1 类电子游戏许可证 3 个月。

（1）游戏存在以下相关内容的：

（a）提供虚假信息，诽谤或损害组织声誉、个人尊严的；

（b）宣传、传播、买卖被禁止的商品或者服务，传播被禁止的出版物；

（c）冒充其他组织或个人传播虚假信息，侵犯其他组织和个人的合法权益。

（2）不符合游戏负责人需满足的条件及电子游戏设备或系统需满足的条件，并且虽然许可机关要求其书面改正，但未达到上述条件要求的。

8）G1 类电子游戏许可证的撤销

游戏提供商有下列违规行为的，信息和通信部有权撤销其 G1 类电子游戏许可证。

（1）游戏存在以下相关内容的：

（a）宣扬和煽动暴力、淫秽、色情、犯罪、社会问题、迷信，违背民族传统；

（b）泄露国家秘密，军事、经济、外交秘密和国家规定的其他秘密。

（2）不符合游戏负责人需满足的条件及电子游戏设备或系统需满足的条件，并且虽然许可机关要求其书面改正，但未达到上述条件要求的，屡次不改可撤销其许可证。

9）G1 类电子游戏许可证的修改

（1）如发生下列变化，许可证持有人应在 10 日内申请修改 G1 类电子游戏许可证。

（a）变更许可证持有人的名称。

（b）变更许可证持有人的法定代表人的名称。

被许可人既可以申请修改许可，又可以申请修改 G1 类电子游戏许可证。

（2）许可证持有人应提交一份由原始文件组成的申请，用于向广播、电视、电子信息司申请修改 G1 类电子游戏许可证。修改申请可通过如下方式提交：

（a）窗口；

（b）邮寄；或

（c）互联网。

（3）修改 G1 类电子游戏许可证的申请书的内容应包含：

（a）说明修改的事项及修改理由；

（b）证明修改理由的文件。

（4）自收到合格申请后 10 个工作日内，信息和通信部应考虑发放修改后的许可证。申请被拒绝的，信息和通信部必须做出书面说明。修改后的许可证的有效期与原许可证的剩余有效期相同。

10）G1 类电子游戏许可证的更新

在变更总部、交易场所、服务器托管地址之前的 5 个工作日内，许可证持有人不需要修改 G1 类电子游戏许可证，但需向广播、电视、电子信息司和许可证持有人总部所在省的信息和通信厅发出通知。通知详情包括许可证持有人的姓名、G1 类电子游戏许可证的编号、调整内容。接到通知后，受理机关应当自收到通知之日起 7 个工作日内向许可证持有人发出回执。

G1 类电子游戏许可证因企业分立、合并、收购或依法改制等导致组织结构发生变化的，或因持股比例不低于 30% 的出资人（或股东）发生变更时，许可证持有人必须自做出变更决定之日起 10 个工作日内向广播、电视、电子信息司和许可证持有人总部所在省的信息和通信厅发出通知。通知详情包括许可证持有人的姓名、G1 类电子游戏许可证的编号、调整内容。接到通知后，受理机关应当自收到通知之日起 7 个工作日内向许可证持有人发出回执。

11）G1 类电子游戏许可证的替换

G1 类电子游戏许可证丢失、损毁、过期的，应予以替换。

（1）G1 类电子游戏许可证丢失、损毁、过期的，许可证持有人应向广播、电视、电子信息司提出换证申请，可当面、邮寄或通过互联网提交申请。

（2）G1 类电子游戏许可证换证申请书的内容包括许可证持有人的姓名、地址，原许可证的编号、发证地点、发证日期、生效日期，换证理由，许可证持有人对申请书中所提供信息的声明。

（3）自收到合格的申请后 10 个工作日内，信息和通信部应考虑换证。申请被拒绝的，信息和通信部必须做出书面说明。

12）G1 类电子游戏许可证的续证

（1）许可证失效前，如果许可证持有人仍希望继续经营但不能申请换证，必须申请续期。许可证只能续期 1 次，有效期不超过 1 年。

（2）许可证持有人应将续证申请书及许可证复印件送至广播、电视、电子信息司。许可证持有人可亲自到场、邮寄或通过互联网提交材料。

（3）续证申请书的内容包括许可证持有人的姓名、地址，原许可证的编号、发证地点、发证日期、生效日期，换证理由，许可证持有人对申请书中提供信息的声明。

（4）自收到合格的申请后10个工作日内，信息和通信部应考虑换发许可证。如果申请被拒绝，信息和通信部必须提供书面解释。

G1类电子游戏脚本授权的相关要求

1）G1类电子游戏脚本授权须符合的条件

（1）G1类电子游戏许可证的有效期至少为1年。

（2）游戏内容不违反本法令第1条第5款的规定，不含有谋杀、酷刑、煽动暴力、情欲、色情、违反民族道德文化传统和优良风俗、歪曲和破坏历史传统、侵犯主权和领土完整、教唆自杀、使用毒品或酒精、吸烟、赌博、恐怖、虐待、贩卖妇女儿童等有害或禁止的行为的画面和声音。

（3）电子游戏年龄等级符合法律要求。

（4）有符合下列要求的玩家账号管理措施。

（a）直接连接并同步玩家信息管理系统。

（b）直接连接并同步游戏服务商的通用游戏服务支付系统。

（c）保持游戏历史记录的持续、准确更新，包括账号名称、游戏时间、虚拟物品所有权信息、虚拟货币、玩家奖励积分等信息。

2）G1类电子游戏脚本授权的申请手续

（1）使用第17号表格的申请书，并附上授权人充分履行本法令第34条规定的权利义务承诺书。

（2）著作权和授权在越南发行电子游戏的协议（有效的副本，包括从总登记册中摘录的副本或经认证的真实副本；如果这些文件是以外国语言制作的，应被翻译为越南语，并证明为原件的真实副本）。

（3）电子游戏脚本的细节。

（a）电子游戏的名称和来源。

（b）脚本的细节：人物系统、职责、地图（图）；虚拟物品、虚拟奖励积分；人物之间的交流、战斗；付费、版本。

（c）电子游戏的年龄评级方法及结果。

（4）技术建议。

（a）装备系统地点的具体地址和服务器托管服务商的名称（如果是服务器托管）。

（b）根据本法令第 2 条第 32c 项规定的玩家信息系统的详细情况。

（5）记录游戏中的图像、活动和声音的设备。角色的某些类型的照片、某些物品的图片、角色的装备；角色在执勤时的图像和活动，特别是 5 个最高等级的角色的图像和活动（如有）；角色之间的战斗动作。

3）G1 类电子游戏脚本授权的审核手续

（1）企业应向广播、电视、电子信息司提出 G1 类电子游戏脚本授权申请，申请书由原件组成，可亲自到场、邮寄、通过互联网提交申请材料。

（2）自收到合格申请之日起 25 天内，信息和通信部应使用附录 1 中的第 18 号表格，核准 G1 类电子游戏脚本授权。如申请被拒绝，须由信息和通信部以书面形式进行说明。

4）G1 类电子游戏脚本授权的修改

（1）有下列情况之一的，授权人必须申请修改 G1 类电子游戏脚本的授权。

（a）改变电子游戏的名称。

（b）版本更新或升级，同时对游戏脚本进行修改。

（2）授权人对 G1 类电子游戏脚本进行修改时，应向广播、电视、电子信息司提出申请，并附上原件，可亲自到场、邮寄、通过互联网提交材料。

（3）G1 类电子游戏脚本授权修改申请书包含以下内容：

（a）说明修改事项及理由。

（b）修改事项的细节及相关文件证明。

（4）自收到合格申请书后 10 个工作日内，信息和通信部应考虑发出修改授权书。如申请被拒绝，信息和通信部必须以书面形式做出解释。

（5）在 5 个工作日内，在与 G1 类电子游戏相关的供应方式或范围（网站提供的游戏如果是网站提供的域名、移动终端提供的游戏如果是移动终端提供的发行渠道）发生变更前，授权人无须申请修改授权，但需向广播、电视、电子信息司和许可证持有人总部所在省的信息和通信厅发出通知。通知详情包括许可证持有人的姓名、G1 类电子游戏许可证的编号、调整内容。接到通知后，受理机关应当自收到通知之日起 7 个工作日内向授权人发出回执。

5）G1 类电子游戏脚本授权的替换

（1）G1 类电子游戏脚本授权遗失或损坏不再有效的，授权人应向广播、电视、电子信息司提出换证申请，并写明授权书的编号、发证日期和换证理由。

（2）自收到合格申请之日起 10 个工作日内，信息和通信部应考虑换证。申请被拒绝的，信息和通信部必须做出书面解释。

电子游戏企业在取得信息和通信部颁发的电子游戏许可证及关于其游戏内容的同意决定后，方可提供游戏服务。

G2、G3、G4 类电子游戏许可证的相关要求

1）申请 G2、G3、G4 类电子游戏许可证的企业需符合的条件

（1）申请企业是根据越南法律规定成立的，其与网上博彩服务相关的业务已在国家工商登记门户网站上公示。

（2）如果在互联网上提供游戏服务，则需注册域名。

（3）电子游戏相关人员有总部、明确的地址和电话，电子游戏负责人员与服务范围和类型相适应。

（4）具有与提供游戏服务相适应的资金和技术能力、组织机构和人员。

（5）具有与 G2、G3、G4 类电子游戏相关的技术。

（a）企业电子游戏的支付系统（如有）必须位于越南境内，并与越南境内支持支付的企业进行对接，确保准确、充分的更新和存储，能让玩家查到其支付账户的详细信息。

（b）制订保障服务质量和玩家利益的计划。

（c）采取措施确保信息安全。

2）G2、G3、G4 类电子游戏许可证的申请手续

（1）提供电子游戏许可证申请书，使用附录 1 中的第 19 号表格。

（2）提交有效的副本，包括从主登记册或经核证的真实副本中提取的副本，或随工商登记证书原件附上的副本，或在第 67/2014/QH13 号投资法和第 68/2014/QH13 号企业法生效前颁发的其他有效证书、同等效力的执照副本。

（3）如为国际域名，需提供合法域名的使用证明。

（4）根据本法令第 2 条、第 3 条、第 4 条、第 5 条、第 33 条提供电子游戏的方案，方案应包含下列内容。

（a）与经营范围相适应的服务、人员和资金计划。

（b）设备系统的总体布局、设备系统的位置。

（c）设备系统的详细情况，包括主要部分和备用部分、名称、功能、配置等。

（d）供货方式、供货范围等细节，互联网（IP 地址、域名），移动通信网络（意向分销渠道）。

（e）支付条件、支付卡和支付服务商（服务商名称）。

（f）有无保障服务质量和玩家利益的措施。

3）G2、G3、G4 类电子游戏许可证的审核手续

（1）申请人应当向广播、电视、电子信息司提出申请，并提交 G2、G3、G4 类电子游戏资格证书，申请书由原件组成，可当面、邮寄、通过互联网提交。

（2）广播、电视、电子信息司应在收到合格申请后 20 个工作日内，核准附录 1 中的第 20 号表格，颁发电子游戏许可证。如申请被拒绝，广播、电视、电子信息司必须以书面形式做出解释。

4）G2、G3、G4 类电子游戏许可证的修改

（1）如发生下列变化，许可证持有人应在 10 日内申请修改 G2、G3、G4 类电子游戏许可证。

（a）变更许可证持有人的名称。

（b）变更许可证持有人的法定代表人的名称。

（2）许可证持有人应提交一份由原始文件组成的申请，用于向广播、电视、电子信息司申请修改 G2、G3、G4 类电子游戏许可证，可当面、邮寄、通过互联网提交材料。

（3）G2、G3、G4 类电子游戏许可证的修改申请书应包含以下内容。

（a）说明修改的事项及理由。

（b）修改理由的证明文件。

（4）自收到合格申请后 10 个工作日内，信息和通信部应考虑发放修改后的许可证。申请被拒绝的，信息和通信部必须做出书面说明。修改后的许可证的有效期与原许可证的剩余有效期相同。

5）G2、G3、G4 类电子游戏许可证的更新

在变更相关的供货方式、范围（在互联网上提供游戏的需变更域名，在移

动通信网络上提供游戏的需变更发行渠道）或变更企业总部前的 5 个工作日内，许可证持有人不需要修改 G2、G3、G4 类电子游戏许可证，但需向广播、电视、电子信息司和许可证持有人总部所在省的信息和通信厅发出通知。通知详情包括许可证持有人的姓名，G2、G3、G4 类电子游戏许可证的编号，调整内容。接到通知后，受理机关应当自收到通知之日起 7 个工作日内向许可证持有人发出回执。

G2、G3、G4 类电子游戏许可证因企业分立、合并、收购或依法改制等导致组织结构发生变化的，或因持股比例不低于 30% 的出资人（或股东）发生变更的，许可证持有人必须自做出变更决定之日起 5 个工作日内向广播、电视、电子信息司和许可证持有人总部所在省的信息和通信厅发出通知。通知详情包括许可证持有人的姓名，G2、G3、G4 类电子游戏许可证的编号，调整内容。接到通知后，受理机关应当自收到通知之日起 7 个工作日内向许可证持有人发出回执。

6）G2、G3、G4 类电子游戏许可证的替换

G2、G3、G4 类电子游戏许可证丢失、损毁、过期的，应予以替换。

（1）G2、G3、G4 类电子游戏许可证丢失、损毁、过期的，许可证持有人应向广播、电视、电子信息司提出换证申请，可当面、邮寄或通过互联网申请。

（2）G2、G3、G4 类电子游戏许可证的换证申请书应包括许可证持有人的姓名、地址，原许可证的编号、发证地点、发证日期、生效日期，换证理由，许可证持有人对申请书所提供的信息的声明等内容。

（3）自收到合格的申请后 10 个工作日内，信息和通信部应考虑换证。申请被拒绝的，信息和通信部必须做出书面说明。

5. 游戏服务提供者的权利和义务 ❶

（1）租用电信企业的传输线路，在公共电信网络上提供服务的系统中接入电信企业的传输线路。

（2）在越南至少拥有 1 个服务器系统，根据主管部门的要求为检查、存储和提供信息服务，并根据信息和通信部的规定处理客户对服务条款的投诉。

（3）建立有关游戏服务的网站，明确规定电子游戏按年龄段的分级；各电子游戏的规则；电子游戏的信息和活动管理；解决玩家之间、玩家与服务提供者之间的投诉和纠纷的规则。

（4）采取措施控制所提供的电子游戏的负面影响，如提供电子游戏的审批信息；在服务提供者的网站及每款电子游戏的广告中，提供有关内容（G1 类游戏）或公告（G2、G3、G4 类游戏）的批准信息，包括游戏名称、年龄分级及有关电子游戏可能对玩家的身心健康造成意外影响的建议等；对 G1 类游戏玩家的个人信息进行登记，在信息和通信部的指导下对 18 岁以下的儿童和玩家采取限制游戏时间的措施。

（5）按照公布的规则保障玩家的合法权益；对收费、服务质量、信息安全负责；解决玩家与服务提供者之间、玩家之间的投诉和纠纷。

（6）遵守信息和通信部关于虚拟物品（按照电子游戏开发商制定的一定规则的物品或人物的图形形象）和奖金（奖金的发放方式类似于网络游戏的评分系统）的规定。

（7）暂停游戏服务时，必须在拟暂停服务日期前至少 90 天在游戏官网上公布；采取保障玩家利益的措施；在正式暂停服务日期前 15 天向信息和通信部发

---

❶ Decree No. 72/2013/ND-CP of July 15, 2013, on the Management, Provision and Use of Internet Services and Online Information [EB/OL].（2013-09-01）[2023-03-30]. https：//english.mic.gov.vn/Pages/VanBan/11310/72_2013_ND-CP-.html.

送书面报告。

（8）按照信息和通信部的规定，对玩家的留言采取监督措施。

（9）不得在论坛、网站、报纸等媒体上宣传未经批准内容的电子游戏（G1类游戏）或已公布的电子游戏（G2、G3、G4类游戏）。

（10）支付G1类电子游戏的内容授权和评估费用。

（11）按照信息和通信部的要求，定期和不定期向信息和通信部发送报告。

（12）为主管部门开展的检查提供便利。

6. 玩家的数据安全 ❶

（1）互联网服务和在线信息的提供者及用户有责任确保其信息系统内的信息安全和信息安全；与主管部门、其他组织和个人合作，确保在线信息安全和信息安全。

（2）必须定期采取保障网上信息安全和信息安全的措施，并遵守信息安全的技术规范和标准及电信和互联网服务质量的法律规定。

（3）信息系统的拥有者应当按照信息和通信部的规定进行合格认证和合格申报。

（4）游戏企业不得泄露服务用户的个人信息，但下列情况除外。

（a）用户同意提供信息的。

（b）机构和企业就提供个人信息计算收费、开具发票、防止规避合同义务达成书面协议的。

（c）依法律规定的主管部门的要求。

---

❶ Decree No. 72/2013/ND-CP of July 15，2013，on the Management，Provision and Use of Internet Services and Online Information [EB/OL].（2013-09-01）[2023-03-30]. https：//english.mic.gov.vn/Pages/VanBan/11310/72_2013_ND-CP-.html.

7. 儿童保护 ❶

2017 年第 56 号政府法令对儿童免受在线危险伤害提出规定，其中详细制定了《儿童法》的若干条款。因此，7 岁以上的孩子及其父母或监护人可能会要求服务提供者在互联网上删除这些孩子的所有相关图像和个人信息，以确保他们的安全和权益。

网络服务提供商还负责采取支持性措施和工具，以保护互联网上儿童的个人信息，同时发布对儿童安全的在线产品和服务列表，并删除所有不适合儿童的图像和内容。

第 56 号政府法令还阐明了其他个人和组织的责任，以及家庭、学校、企业、社区和国家管理机构在保护儿童方面的责任，以提高公众对在线危险的认识。

8. 广告宣传 ❷

违反广告业禁止性规定的情况

1）有下列违法行为之一的，处以 1000 万～2000 万越南盾的罚款

（1）没有合法的书面证据，使用"最好的""唯一的""第一"或任何具有类似含义的作品等字眼。

（2）使用影响景观、交通安全或社会秩序的广告，但法律另有规定的除外。

（3）使用具有种族主义倾向、排外、侵犯宗教信仰自由、性别歧视、歧视残疾人的广告。

（4）强迫其他组织或个人违背其意愿制作或接受广告。

---

❶ Decree No. 72/2013/ND-CP of July 15, 2013, on the Management, Provision and Use of Internet Services and Online Information [EB/OL].（2013-09-01）[2023-03-30]. https：//english.mic.gov.vn/Pages/VanBan/11310/72_2013_ND-CP-.html.

❷ Decree No. 72/2013/ND-CP of July 15, 2013, on the Management, Provision and Use of Internet Services and Online Information [EB/OL].（2013-09-01）[2023-03-30]. https：//english.mic.gov.vn/Pages/VanBan/11310/72_2013_ND-CP-.html.

2）有下列违法行为之一的，处以 2000 万～3000 万越南盾的罚款

（1）侵犯知识产权的商品和服务广告。

（2）未经本人同意，在广告中使用他人的图片或文字，但法律允许的情况除外。

3）有下列违法行为之一的，处以 3000 万～4000 万越南盾的罚款

（1）利用广告损害其他组织的声誉或侮辱他人的行为。

（2）利用广告直接将某单位提供的产品或服务的价格、质量和效果与另一单位提供的产品或服务的价格、质量和效果进行比较的。

（3）利用广告引起儿童的思想、言论、行为违背道德、价值观或者优良传统，对儿童的健康、安全或者正常发育造成不良影响的。

（4）使用虚假宣传越南的历史、文化、道德、价值观和优良传统的广告。

4）有下列违法行为之一的，处以 5000 万～7000 万越南盾的罚款

（1）使用含有虚假信息的广告，对产品的质量、效果、品牌名称、设计、类别、包装、产地、地理标志、使用方法、保质期等进行虚假宣传，但法律另有规定的除外。

（2）使用广告，使公众、消费者或顾客对所宣传的组织、个人或产品与其他组织、个人或产品产生混淆，或对所宣传的产品的特征或效果产生混淆的，但法律另有规定的除外。

（3）使用对制造商、销售商或广告浏览者造成损害的广告。

（4）使用未在广告中显示完整领土的越南地图。

5）有下列违法行为之一的，处以 7000 万～9000 万越南盾的罚款

（1）使用泄露国家机密的广告。

（2）利用广告贬低国旗、国徽、国歌的权威性，但法律另有规定的除外。

（3）使用贬低民族英雄、文化名人、国家领导人或共产党领导人的权威性的广告，但法律另有规定的除外。

违反广告用字规定的违法行为

1）有下列违法行为之一的，应处以 500 万～1000 万越南盾的罚款

（1）除了品牌名称、标语和外文的专有名词外，商品和服务广告未使用越南语；未能用越南语代替的国际词汇；用越南民族语的书籍、报纸、网站和其他出版物；用越南民族语和外文的广播和电视节目。

（2）外语文字超过越南语文字的 3/4 以上，且在同一广告中同时使用越南语和外语的，除法律另有规定外，越南语不得位于外语下方。

（3）除法律另有规定外，在广播、电视或其他视听节目的同一广告中，越南语文本须放在外语文本之前。

2）补救措施

强制删除。

违反广告条件规定的违法行为

1）有下列违法行为之一的，应处以 1 万亿~1.5 万亿越南盾的罚款

（1）未提供所宣传的商品或服务的合格证明文件，但第 3 条第 68 款第 4 项、第 3 条第 2 款、第 3 条第 69 款和第 2 条第 70 款的情况除外。

（2）未提供证明所宣传的商品或服务符合性的文件，但本法令第 3 条第 68 款第 4 项、第 3 条第 69 款第 2 项和第 2 条第 70 款第 1 项所述情况除外。

（3）无所有权或使用权证书的广告。

2）补救措施

强制删除。

违反网上报纸和网站广告规定的违法行为

1）有下列违法行为之一的，应处以 200 万～500 万越南盾的罚款

（1）未报告为提供跨境广告服务的外国实体网站所有者提供广告服务的越南广告主的名称和地址。

（2）未报告为提供跨境广告服务的外国实体网站所有者提供广告服务的越南广告主提供广告服务的情况。

2）将广告与新闻混为一谈的，处以 500 万～1000 万越南盾的罚款

3）有下列违规行为之一的，处以 1000 万～1500 万越南盾的罚款

（1）未能使读者主动开启和关闭浮动广告的。

（2）未能在 1.5 秒内关闭或开启浮动广告的。

4）补救措施

强制删除。

电子设备、终端设备及其他电信设备上的违反广告规定的行为

1）有下列违法行为之一的，将被处以 1000 万～1500 万越南盾的罚款

（1）未经收件人同意，发送含有某些产品或服务信息的电子邮件或信息。

（2）未经收件人同意，擅自发送广告信息或电子邮件。

（3）发送广告信息或电子邮件时，确实向收件人提供了足够的指示，说明如何拒绝广告信息或电子邮件。

（4）发送广告信息或电子邮件时，没有提供有关发件人或传输服务提供者的充足信息。

（5）当收件人拒绝发送广告信息或电子邮件时，没有停止发送广告信息或电子邮件。

（6）向收件人收取发送拒绝通知的费用。

2）电信服务提供者有下列违法行为之一的，处以 1500 万～2000 万越南盾的罚款

（1）从晚上 10 点至早上 7 点发送广告信息。

（2）在 24 小时内向一个电话号码发送 3 条以上广告信息，或向一个电子邮箱发送 3 封以上电子邮件，除非收件人另有约定。

3）补救措施

强制将违法所得利润上缴政府财政。

7.3　韩国的游戏发行政策 ❶

7.3.1　概述

韩国的电子游戏产业主要由文化体育观光部（以下简称"文化部"）监管。基于《游戏产业促进法案》，韩国于 2013 年 12 月成立了游戏分级管理委员会（GRAC）。作为推广游戏文化、发展游戏产业的公益组织，游戏分级管理委员会有权对在韩国制作、发行的游戏进行分类，同时可以规制非法网络游戏发行、非法赌博电子游戏等，防止非法赌博、暴力及淫秽画面给社会带来的负面作用。对于游戏中的虚拟货币，仍由文化部负责。同时，韩国法律对游戏防沉迷、运营主体等也有相应的监管要求。

韩国的游戏分级制度及其标识可参见本书第 5 章的 5.4。

7.3.2　韩国游戏监管政策的其他方面 ❷

1. 防沉迷

为防止玩家过度沉迷游戏，游戏商应采取以下预防措施防止玩家过度使用游戏产品：验证游戏产品用户的真实姓名和年龄，并加入成员身份和自我认证；未成年人加入成员时,应确保获得其父母或者监护人（以下简称"法定代理人"）

---

❶ 李金招，陈乙捷，黄忠薇. 境内游戏如何在韩国发行 | 韩国游戏分级及青少年保护制度 [EB/OL].（2019-02-13）[2023-08-17]. https://mp.weixin.qq.com/s/9XYAe2CjMVRcuwop4ktNYw.

❷ Game Industry Promotion Act [EB/OL].（2020-12-10）[2023-03-30]. https : //www.law.go.kr/LSW/eng/engLsSc.do?menuId=2&section=lawNm&query=game&x=0&y=0#liBgcolor4.

的同意。其中，获得法定代理人同意的方式可以是以下任意一种：在游戏中放置要求法定代理人同意的相关内容，并要求法定代理人确认是否同意这些内容；游戏商直接签发文件说明同意书的详细内容，或者通过邮寄或传真向法定代理人传递该文件，并要求他们盖章或签字后同意；游戏商向法定代理人发送电子邮件信息说明同意书的细节，法定代理人接收电子邮件信息表明其同意；游戏商通知法定代理人相关细节，并通过电话获得他们的同意，或通知法定代理人可以确认、查阅相关细节的方法，如互联网地址，并再次通过电话获得他们的同意。

对未成年人本人或其法定代理人游戏的使用方法及玩游戏的时间等进行限制。游戏商应每月至少一次通过手机短信、电子邮件、传真或电话等方式通知未成年人本人及其法定代理人，使其了解游戏产品的特点、分级、收费政策及游戏产品使用细节等基本事项，如付款事项。在游戏期间，每小时在游戏屏幕上显示"过度游戏可能会干扰正常的日常生活"等警告通知，以防止过度使用游戏产品。在游戏屏幕上显示玩家玩游戏期间所花费的时间，每小时至少显示3秒提示。限制未成年人玩游戏的时间。总统令规定的其他事项可以防止游戏产品被用户过度使用。

2. 广告投放、宣传推广的限制

游戏商在宣传、推广游戏时，禁止出现下述行为：广告内容与游戏产品内容或者宣传资料里的内容不符；宣传推广资料里指出的分级与游戏产品的分级不同；具有鼓励赌博、投注等内容的广告，如提供免费礼品及游戏产品内容或者广告可能会被误以为投注、赌博行为。

3. 游戏制作、发行、运营的登记及许可

根据韩国《游戏产业促进法案》，拟制作、发行、运营游戏业务的游戏商应按照文化部条例的规定向韩国相关部门进行登记。

若游戏公司在韩国设立分支机构，则该分支机构需要在韩国取得相关许可证书；若游戏公司由韩国代理商运营，则需要取得相关许可证书的主体是韩国代理商；若游戏公司通过 Google Play 等第三方渠道运营游戏，游戏服务器在中国境内，则不需要取得韩国的相关许可证书。

4. 游戏运营主体的相关要求

游戏运营主体需符合以下要求：每年接受 3 个小时相关教育培训；不得利用游戏进行投机类活动，不得使用类似货币通过游戏产品相关操作进行投机活动；不得通过提供免费礼品等方式推销投机活动，但是部分免费礼品（如玩具、文具等，不包括现金、礼品券和证券等），符合总统令中有关青少年游戏提供商规定的免费礼物等除外。

青少年游戏提供商不得提供不允许青少年玩的游戏产品。制作、发行、运营游戏，应标明游戏产品的商标名称、游戏产品的权利主体及游戏产品的评级和相关内容信息，应在游戏里附加如何操作游戏产品的相关信息或指南。

7.4　中东地区的游戏发行政策

7.4.1　土耳其的游戏发行政策

1. 概述

1）土耳其的相关法律法规和监管机构

土耳其的相关法律法规有《关于规范互联网广播和阻止通过这些广播犯罪的

---

❶ Gaming in Turkey：Overview [EB/OL].（2018-03-01）[2023-03-30]. https：//uk.practicallaw. thomsonreuters.com/5-633-9747?transitionType=Default&contextData=（sc.Default）&firstPage=true#co_ anchor_a300246.

第 5651 号法律》《支付和安全结算系统、支付服务和电子货币机构法》（第 6493 号法案），《关于规范电子商务的第 6563 号法律》《第 6698 号个人数据保护法》。

土耳其的相关监管机构：信息和通信技术管理局（ICTA）负责审查、监控互联网内容；银行监督管理局（BRSA）负责处理在线支付系统和资金流向。

2）在土耳其开设在线业务需要具备的资质

基本条件

根据土耳其《公司法》规定，开设在线业务需具备公司名称、设立董事和办事机构、联系方式、注册税号或贸易登记号、商号或商标。

特别注意

（1）在土耳其注册的公司，需要在土耳其的 KEP 电子邮件系统中注册账号，以接收符合法律、国际标准和技术安全的正式通信。换言之，在该系统中的通信才具有法律效力。

（2）土耳其的公司注册登记系统名为 "Merkezi Sicil Kayit Sistemi"，公司在该系统成功注册后将会取得一个 MERSIS 代码，类似我国的信用识别代码。

（3）类似游戏出海这种可能涉及海外业务的活动，需要取得由海关和贸易部授权的批准证书。

开展网络游戏业务的公司要符合的特别要求

（1）提供电子商务的域名或应用程序名称。

（2）明确网络服务类型，如娱乐、通信、商业模式。

（3）在涉及支付业务的前提下，不仅要取得支付许可，还需要提供相关银行和支付服务的信息。

（4）提供终端通信技术、通信服务采购等方面的信息。

（5）明确运营过程中收集的个人数据的存放位置。

（6）相应的网站、应用程序必须有相应的隐私声明。

（7）不适合儿童身心发展的内容不得存在于网站或者应用程序中。

网络业务运营过程中的特别要求

（1）游戏服务商必须以书面形式在永久性数据存储设备上向监管部门、客户提供清晰、简单和易读的预信息表。

（2）企业必须将在数字业务中获得的所有消费者交易数据保留至少 3 年。

（3）未成年人的保护：不能在互联网上发表任何包含可能损害儿童身心健康和道德发展的内容；如果游戏业务可能涉及儿童（如未成年人玩家、针对未成年人进行的宣传等），则需要依据土耳其《商业广告和不正当商业行为条例》和《广播服务程序和原则条例》的规定进行内容审查。

2. 数据保护与知识产权保护

1)《数据保护法》❶的基础知识

个人数据的定义

（1）个人数据是指与已被用于识别或可被用于识别自然人有关的数据（法人业务数据不在此列，不受该法保护）。

（2）《数据保护法》中规定的"特殊类别"数据，尤其需要注意它包括种族或民族，一个人的政治、哲学、宗教观点，衣着和外貌，协会、基金会、工会会员资格，健康状况，一个人的性生活，刑事诉讼的定罪信息，国家安全预防措施信息，生物特征、遗传信息等。

（3）个人数据的处理原则：公平合法地处理，准确和最新，为特定、明确和合法的目的进行处理，在相关领域适度使用而不能过度使用，为处理数据保留必要的时间。

---

❶ Personal Data Protection Law [EB/OL].（2016-04-07）[2023-03-30]. https：//www.kvkk.gov.tr/Icerik/6649/Personal-Data-Protection-Law.

网络安全

（1）网络安全原则。虽然土耳其国内法律未对游戏运营过程中的网络安全问题确定相应的技术规范或措施，但是毋庸置疑的是一旦发生网络安全事件，赔偿责任由企业承担。因此，游戏企业的网络安全机制建设应当采用国际安全标准。

（2）支付加密。支付数据必须以加密形式存储；如果企业需要通过电子设备处理、存储、访问"特殊类别"数据，则必须使用加密技术存储数据，并且密钥必须存储在安全且独立的环境中。

（3）电子支付的特殊监管。

（a）只能出于安全目的处理个人数据。如果电子支付系统供应商希望将个人数据用于其他目的，则必须获得客户的同意。

（b）必须采取必要措施保护支付敏感数据（如信用卡账号、密码等）。

（c）电子支付业务的运营需要通过土耳其的银行业监管机构的审计，并且运营主体需要将交易记录保存至少10年。

2）知识产权保护与消费者保护的基础知识

互联网违法行为的法律责任

（1）内容提供商、托管服务提供商、互联网服务提供商（ISP）或访问提供商、公共使用提供商和社交网络提供商都有可能承担责任。

（2）内容提供商（即创建、修改或在互联网媒体中提供给用户各种信息或数据的自然人或法人实体）对其在互联网上发布的内容负责。

（3）托管服务提供商（即提供或运营托管服务和内容系统的自然人或法人实体）虽然没有义务检查发布的内容，但是在被告知非法内容后他们必须删除该内容。

（4）访问提供商（即为其用户提供互联网环境访问权限的自然人或法人实体）必须在获知非法内容后阻止访问。

（5）网络服务提供者必须在服务器主机上保留和存储业务过程中的流量数据，包括源 IP 地址、目标 IP 地址、连接日期和时间、请求的页面地址及 GET 和 POST 命令详细信息，并且在监管部门发出要求时提交这些数据。

7.4.2　沙特阿拉伯的游戏发行政策 ●

1. 概述

1）沙特阿拉伯投资总局（SAGIA）

外商对沙特阿拉伯进行投资时必须通过沙特阿拉伯投资总局的审批。近年，SAGIA 一直在减少外国投资者在准入层面需要提供的许可证、证明文件。目前，对外商而言，获得 SAGIA 许可的前提是按要求提供商业登记或公司注册证书的副本扫描件，具体如下。

（1）用于申请的文件必须是英文或阿拉伯文。

（2）文件经过投资者所在国相关司法管辖区的沙特大使馆认证。

（3）提供投资者最近的财务审计报表，以便审查。

2）国际标准产业分类第四版（ISIC4）

（1）在 SAGIA 注册的外商公司，需要通过 ISIC4 认证程序。该程序为每个类型的商业活动都提供一个特定的代码。

（2）通过 ISIC4 认证后，公司将会获得相应的许可证，如工业许可证、服务许可证、贸易许可证、建筑许可证等。游戏行业一般可以申请服务许可证。

（3）ISIC4 授予许可的具体要求如下。

（a）被列入监管部门的负面清单的商业活动不能获得许可。

---

❶ Media Sector——General Commission for Audiovisual Media [EB/OL].（2022-01-01）[2023-04-16]. https：//misa.gov.sa/en/e-services/laws-regulations/.

（b）预期产品或服务必须符合沙特阿拉伯的法律。

（c）申请人必须是为了投资目的来到沙特阿拉伯的自然人或法人实体。

（d）投资者以往没有违反实体性的外商投资法。

（e）投资者不得在沙特阿拉伯或其他地方因金融或商业犯罪而被定罪。

（f）授予许可证不得违反沙特阿拉伯作为缔约方的任何国际或地区协议。

（4）根据相关部门的负面清单，游戏从业者需要注意服务业中的"视听和媒体服务"在负面清单上，因此外商要从事对应的业务需要获得豁免。对外商实体而言，该许可的获得还需要经过另一机构视听媒体委员会（GCAM）的批准。

（5）通过 ISIC4 认证后，每年都需要交 SAGIA 年度会员费和许可费。

2. 知识产权保护

1）商标

（1）商标的保护范围为独特的标记（即符号和标识）。

（2）救济措施。侵犯商标权可单处或并处最高 100 万沙特里亚尔的罚款或最长 1 年的监禁。如果可以在法庭上证明直接损害，那么侵权人需要向受害方直接支付赔偿。

（3）保护期限为 10 年，可在注册的最后一年续期额外期限。

2）版权

（1）版权来自第 M/41 号皇家法令颁布的版权法。受保护版权课题包括首次在沙特阿拉伯出版、制作、表演或展示的作品（计算机软件同样适用）。创作者的版权无须注册，只需发布材料即可受到保护。

（2）救济措施。侵犯版权的行为可能被处以超过 10 万沙特里亚尔的罚款、吊销执照或最长 6 个月的监禁。

（3）保护期限自首次出版之日起 50 年。

3. 税收相关

1）天课（zakat）

（1）在沙特阿拉伯，所有公司和个人都有责任为其收入缴纳天课。

（2）包括天课在内的税收均由沙特阿拉伯的天课和税收总局（GAZT）征收，直接向外国商业实体征收天课的是沙特阿拉伯和海湾合作委员会（GCC），再由该委员会转交至 GAZT。

（3）在收取外国商业实体缴纳的天课后，GAZT 将向外国商业实体颁发付款证明。该证明对于外国商业实体在沙特阿拉伯继续开展业务非常重要。

（4）非沙特阿拉伯个人和公司的天课适用不同的税收制度，天课按企业天课基数 2.5% 的统一费率收取。

2）预扣税

预扣税是对转移到海外的资金征收的税。对于税务居民企业，预扣税为 5%，适用于由外国投资者转移到其海外母公司或股东的沙特阿拉伯国内产生的股息收益。

3）股息、利息和知识产权使用费

外国股东的股息税

外国股东的申报利润均需缴纳 20% 的所得税。

支付的知识产权使用费（如游戏版权）

支付给外国公司股东的知识产权特许权使用费按 15% 作为预扣税征税。

4. 游戏分级制度

沙特阿拉伯的游戏分级制度可参见本书第 5 章 5.4。

7.4.3　阿联酋的游戏发行政策

1. 概述

阿拉伯联合酋长国（以下简称"阿联酋"）是由阿布扎比、迪拜、阿治曼、富查伊拉、哈伊马角、沙迦、乌姆盖万 7 个酋长国组成的联邦。联邦法律适用于所有酋长国，规定了民法、刑法、程序法、劳动法等领域的基本法律原则。每个酋长国也有各自的地方法律，地方法律由各酋长颁布实施，处理更偏向行政性质的法律问题，如设立地方政府的法令、慈善或赈灾、修订当地不动产法律等。

1）网络业务法律框架

阿联酋的电子通信和交易主要受联邦法律监管，如 1980 年的《关于出版的第 15 号联邦法律》（出版法）、2006 年的《关于电子商务和交易的第 1 号联邦法律》（电子商务法）、2006 年的《阿联酋消费者保护法》（第 24 号联邦法律）、2012 年的《关于打击网络犯罪的第 5 号联邦法律》（网络犯罪法）、2016 年的《关于国家媒体委员会的第 11 号联邦法律》（NMC 法案）、2017 年的《DIFC 电子商务法》[迪拜国际金融中心（DIFC）第 2 号法令，专门处理 DIFC 中的电子交易]、2017 年的《储值和电子支付系统监管框架》（也称为"阿联酋 EPS 法规"）、2018 年的《电子媒体监管决议》（由阿联酋 NMC 发布）。

2）主要监管机构

（1）负责监管电子交易和商业的主要机构是电信监管局（TRA）。

（2）负责互联网内容监管的机构是国家媒体委员会（NMC）。

（3）每个酋长国的经济发展部（DED）也是负责监管商业的电子交易的主要机构，因为他们有权执行。《阿联酋消费者保护法》在消费者保护方面对公司规定了许多义务，并授予每个酋长国 的 DED 发布法规和政策的权力。

如果在阿布扎比经营企业，还要受阿布扎比数字管理局（ADDA）的管理。

2. 开展网络业务的特殊规定

一般来说，在阿联酋设立网络业务公司的方法、步骤与设立普通类型公司的方法、步骤相同，如确定法人类型、获得相应的行政许可等，但开展网络业务还有一些特殊规定。

1）域名的特殊要求 ❶

企业在阿联酋司法管辖区范围内建立相应的网络业务实体，除获得相关许可外，还需要为在线业务实体的存在提供一个域名。该域名的认证方式是注册网址之后通过阿联酋国家顶级域名（ccTLD）的认可。

此外，所有包含 ae 域名的使用均需由阿联酋境内的 .ae 域名注册局（.aeDA）监管，该机构于 2007 年成立，隶属于 TRA。

2）严格的互联网内容限制要求 ❷

阿联酋对诽谤的处理与其他国家不同。

（1）任何对他人进行"造成蔑视或诋毁名誉"的陈述，无论该陈述是否属实，均属于阿联酋刑法下的诽谤性陈述行为，将面临刑事追究。

（2）《网络犯罪法》第 20 条特别规定，利用计算机网络或信息技术手段控告或侮辱他人使其受到蔑视的，属于犯罪行为。因此，面对世界的数字化及在线发布和分享诽谤言论的便利性，所有企业都应避免诽谤言论。

3）（跨国）应用程序的开发与发行要求 ❸

知识产权所有权的规定

2002 年阿联酋在关于版权和邻接权的第 7 号联邦法律中，对作品权利的转

---

❶ AE 域名——沙漠之花阿联酋的专属域名 [EB/OL].（2014-08-19）[2023-04-16]. https：//blog.csdn.net/weixin_34183910/article/details/91747568.

❷ Federal Decree-law No.5 of 2012 on Combating Cyber Crimes [EB/OL].（2020-11-15）[2023-04-16]. https：//www.stalawfirm.com/en/blogs/view/legislation-commentary-on-federal-law.html.

❸ 对外投资合作国别（地区）指南编制办公室. 对外投资合作国别（地区）指南——阿联酋（2021 年版）[EB/OL].（2022-01-01）[2023-04-16]. http://www.mofcom.gov.cn/dl/gbdqzn/upload/ alianqiu.pdf.

让增加了法定限制。

（1）根据阿联酋的法律，版权转让必须满足某些特定条件才能被视为有效，如涉及标的、转让范围、期限和地域必须以书面形式达成一致。

（2）只允许转让最多5个未来的版权作品。

因此，为了避免可能的知识产权纠纷，跨国网络企业需要在开发协议中正确分配应用程序及其整个组成作品的权利。阿联酋没有完全豁免软件的著作人身权，因此在应用程序开发协议中应该放弃开发者的著作人身权。

互联网上发行、出版内容的限制

（1）根据阿联酋TRA颁布的现行政策，在该国境内提供任何类型的互联网协议语音服务（VOIP）都要受到监管限制。如果在应用程序中可能用到VOIP及相关功能，则必须符合TRA的监管要求。

（2）阿联酋国内不允许传播任何违反公共秩序、国家安全或触犯道德、统治者或阿联酋法律禁止的行为等内容，否则将面临刑事指控和行政处罚。因此，开发应用程序的公司必须确保不托管或以其他方式提供任何此类被禁止的内容。

3. 数据保护 ❶

1）数据保护制度概况

联邦层面

阿联酋并未制定具体或全面的联邦数据保护法或隐私法，也没有专门针对国家层面个人数据的收集和使用的规章制度。一些通用的可能涉及数据、隐私保护的法律规定见于阿联酋的宪法和刑法规定。

---

❶ 环球律师事务所. 数据全球化与隐私保护指引 2020 [EB/OL].（2020-11-10）[2023-04-16]. http：//www.glo.com.cn/UpLoadFile/Files/2020/11/10/143016233fe7fc177-c.pdf.

自由区或成员酋长国层面

只有 DIFC 和阿布扎比全球市场（ADGM）两个自由区有自己的数据保护法律和法规，两个自由区法都仅适用于在自由区内注册或处理数据的实体。

2020 年 6 月 1 日，迪拜通过了《迪拜国际金融中心数据保护法》（以下简称《DIFC 数据保护法》），废止并替代 2007 年的数据保护法及其相关条例。《DIFC 数据保护法》于 2020 年 7 月 1 日生效，受规制的实体有 3 个月的宽限期开展合规工作。DIFC 的监管人员是数据保护专员。

ADGM 于 2015 年通过《数据保护条例》，并于 2018 年和 2020 年对其进行修订。ADGM 的监管机构是数据保护办公室，它负责提升数据保护水平、数据控制者登记管理、监督数据控制者履行义务及维护个人数据的相关权利。

2）个人数据认定

《DIFC 数据保护法》和 ADGM 的《数据保护条例》均对个人数据（即已识别或可识别的自然人的任何数据）的收集、使用和处理做出了监管规定。具体而言，《DIFC 数据保护法》和 ADGM 的《数据保护条例》的适用范围是敏感个人数据（也称"特殊类别的数据"），该类个人数据是披露或（直接或间接）涉及的个人数据，如种族或民族血统、共同起源、政治派别或意见、宗教或哲学信仰、犯罪记录、工会会员、数据主体的健康或性生活（包括遗传和生物特征数据）等。

3）直接营销

DIFC 对于直接营销发布了一份专门指引，明确开展直接营销必须满足的要求，同时根据接收方的身份和营销渠道的不同设置不同的要求。ADGM 尚未颁布类似指南。但是，《DIFC 数据保护法》和 ADGM 的《数据保护条例》均规定，如个人数据会被用于直接营销的目的，那么数据控制者有义务告知数据主体并为其提供拒绝的权利。

4. 税收 ❶

总体而言，阿联酋并未在国内设置过多的税种，属于国际税收洼地。

1）企业所得税

阿联酋联邦法律中没有关于企业所得税的立法，也没有明确定义税务居民身份，因此从法律上来说企业没有义务缴纳所得税。网络业务经营者应该关注各酋长国内部对特定业务的征税规定。

2）股息、利息和知识产权使用费

阿联酋对向股东支付的股息、股东收到的股息均不征税；对利息不征税；对知识产权特许使用权费用不征税。

---

❶ 对外投资合作国别（地区）指南编制办公室.对外投资合作国别（地区）指南——阿联酋（2021年版）[EB/OL].（2022-01-01）[2023-04-16]. http：//www.mofcom.gov.cn/dl/gbdqzn/upload/alianqiu.pdf.

参考文献

[1] Claims of Copyright Infringement（"DMCA"）[EB/OL]. [2023-03-14]. https：//www.apple. com/legal/contact/copyright-infringement.html.

[2] 张玉敏. 知识产权的概念和法律特征 [J]. 现代法学，2001（5）：103-110.

[3] Wikipedia：Intellectual Property [EB/OL].（2022-06-29）[2023-03-22]. https:// en.m.wikipedia.org/wiki/Intellectual_property.

[4] 智信商标专利. 游戏圈著名游戏——DotA [EB/OL].（2018-06-22）[2022-03-14]. https：// mp.weixin.qq.com/s/G1PIWIn7Pd-fUbjwpqCbRQ.

[5] 如何办理马德里商标国际注册申请 [EB/OL].（2019-08-29）[2022-03-14]. https：//sbj. cnipa.gov.cn/sbj/gjzc/201908/t20190829_1081.html.

[6] Digital Millennium Copyright Act [EB/OL].（1998-10-28）[2023-07-18]. https：//www. congress.gov/105/plaws/publ304/PLAW-105publ304.pdf.

[7] 电子游戏分级制度 [EB/OL].（2023-05-19）[2023-07-18]. https://zh.m.wikipedia.org/zh-hans/ 电子游戏分级制度.

[8] GRAC [EB/OL].（2022-08-13）[2023-03-24]. https://www.grac.or.kr/English/default.aspx.

[9] About GCRB [EB/OL].（2022-08-13）[2023-03-24]. https：//www.gcrb.or.kr/English/default.aspx.

[10] 娱乐软件分级协会 [EB/OL].（2022-10-14）[2023-03-24]. https://zh.m.wikipedia.org/zh-hans/ 娱乐软件分级协会.

[11] 游戏物管理委员会 [EB/OL].（2023-07-07）[2023-07-19]. https://zh.m.wikipedia.org/wiki/ 游戏物管理委员会.

[12] 孙磊.日本网络游戏相关法及判例赏析（一）：游戏分级制度 [EB/OL].（2018-08-07）[2022-03-24]. https：//mp.weixin.qq.com/s?__biz=MzA3NTI0NzYxNw==&mid=2651482695&idx=1&sn=dd821c0a4d07f548d1de7bee4e0822be&chksm=848db329b3fa3a3fd0ba8c763321e101542ea227065182e5885665cb2e7b055e4b351fa71740&scene=27.

[13] 泛欧洲游戏信息组织 [EB/OL].（2023-01-14）[2023-03-24]. https：//baike.baidu.com/item/%E6%B3%9B%E6%AC%A7%E6%B4%B2%E6%B8%B8%E6%88%8F%E4%BF%A1%E6%81%AF%E7%BB%84%E7%BB%87/53930358?fr=aladdin.

[14] 国家视听研究所（芬兰）[EB/OL].（2023-06-20）[2023-07-18]. https://en.m.wikipedia.org/wiki/National_Audiovisual_Institute_(Finland).

[15] GCAM（沙特阿拉伯电子游戏分级制度）一览 [EB/OL].（2022-09-13）[2023-03-24]. https：//qianp.com/knowledge/14507.html.

[16] General Data Protection Regulation（GDPR）[EB/OL].（2018-12-14）[2022-03-24]. https：//gdpr.eu/article-2-processing-personal-data-by-automated-means-or-by-filling-system/.

[17] 冯坚坚，袁立志，蒋昕妍.放弃 or 坚持——出海游戏公司如何应对 GDPR？ [EB/OL].（2018-05-29）[2023-03-14]. https：//mp.weixin.qq.com/s/zPEhq5X_C8vvABVM8Dlj-g.

[18] 李金招,黄忠薇.游戏出海系列之隐私保护(二):GDPR 合规要求下,"同意"如何认定？ [EB/OL].（2018-11-05）[2023-03-14]. https：//mp.weixin.qq.com/s/ZpBtipiEfp4Pp TWkJKGR-Q.

[19] Personal Data Protection Act 2012 [EB/OL].（2021-12-31）[2023-03-24]. https：//sso.agc.gov.sg/Act/PDPA2012.

[20] Personal Data Protection Act 2010 [EB/OL].（2017-03-08）[2023-03-30]. https：//www.docin.com/p-1863155880.html.

[21] Personal Data Protection Act B.E. 2562（2019）[EB/OL].（2019-05-27）[2022-03-28]. https：//thainetizen.org/wp-content/uploads/2019/11/thailand-personal-data-protection-act-2019-en.pdf.

[22] Republic Act 10173：Data Privacy Act of 2012 [EB/OL].（2012-07-25）[2022-03-28]. https：//www.privacy.gov.ph/data-privacy-act/.

[23] 箱子．隔海相望的日本，有家不一样的"游戏道德委员会" [EB/OL].（2018-12-18）[2023-03-14]. http：//www.vgtime.com/topic/1043708.jhtml?page=3.

[24] 香川县网络游戏依赖症对策条例 [EB/OL].（2020-07-21）[2022-03-28]. https：//www.pref.kagawa.lg.jp/documents/1150/wvl90x200716114340_f01_1.pdf.

[25] 日本运营商为未成年手机用户提供网络过滤服务 [EB/OL].（2010-02-03）[2023-03-14]. https：//www.21ic.com/news/rf/201002/506473.htm.

[26] 蒋晓焜，李金招．越南游戏市场整体概况（一）[EB/OL].（2021-09-02）[2023-03-14]. http：//www.tenetlaw.com/index.php?m=content&c=index&a=show&catid=8&id=1658.

[27] payssion 跨境支付：越南游戏市场及支付环境 [EB/OL].（2016-01-04）[2023-03-14]. https：//mp.weixin.qq.com/s/yGYX1Af8x90KayQh_yJJxA.

[28] 中国商务新闻网．"儿童"唤作小弟小妹，忌讳三人合影，越南的习俗真是看不懂 [EB/OL].（2021-03-11）[2023-03-14]. https：//baijiahao.baidu.com/s?id=1693917557265031559&wfr=spider&for=pc.

[29] 中国 App 与游戏出海报告：越南篇 [EB/OL].（2017-03-27）[2023-03-30]. https：//www.sohu.com/a/130623262_656805.

[30] 余然．印尼、马来西亚、泰国、菲律宾、新加坡、越南六国 App & 游戏市场解析 [EB/OL].（2016-12-16）[2023-03-30]. https：//www.baijing.cn/article/9268.

[31] 越南支付概述：现金作为首要付款方式 [EB/OL].（2016-01-28）[2023-03-30]. https：//www.baijing.cn/article/3801.

[32] Decree No. 72/2013/ND-CP of July 15，2013，on the Management，Provision and Use of Internet Services and Online Information [EB/OL].（2013-09-01）[2023-03-30]. https：//english.mic.gov.vn/Pages/VanBan/11310/72_2013_ND-CP-.html.

[33] Game Industry Promotion Act [EB/OL].（2020-12-10）[2023-03-30]. https：//www.law.go.kr/
LSW/eng/engLsSc.do?menuId=2&section=lawNm&query=game&x=0&y=0#liBgcolor4.

[34] Personal Data Protection Law [EB/OL].（2016-04-07）[2023-03-30]. https：//www.kvkk.gov.
tr/Icerik/6649/Personal-Data-Protection-Law.

附　录

附录 1　中国香港、澳门地区对游戏出海数据合规的要求

1.1.1　概述

游戏企业为了增加玩家黏性及提高市场占有率，经常通过收集玩家的个人数据，如手机号码、邮箱地址、微信或微博账号等，以短信、邮件或者 Whats App 推送游戏的相关信息，推送的信息包括但不限于游戏节点、活动或者福利，以吸引玩家充值。

游戏企业在进行上述操作时涉及对玩家个人数据收集、使用的合规问题。同时，如果游戏企业的广告推送是委托第三方处理的，就还会涉及数据委托处理的合规问题。此外，如果游戏企业在海外国家或地区发行游戏，但服务器被放在境内或者第三方国家，那么在进行玩家信息收集时会涉及玩家数据跨境回传服务器，此时数据使用中还涉及数据出境的安全评估问题。

针对上述问题，下面汇总了中国香港地区和澳门地区个人信息保护的相关法律规定，归纳在玩家数据收集、游戏企业使用数据或委托第三方处理玩家数据、玩家数据出境及违规罚则等方面的规定。

1.1.2　游戏出海中国香港地区的数据合规 ●

1. 收集环节

《个人资料（私隐）条例》● 附表 1 内容如下。

1. 第 1 原则——收集个人资料的目的及方式

（1）除非——

（a）个人资料是为了直接与将会使用该资料的资料使用者的职能或活动有关的合法目的而收集；

（b）在符合（c）段的规定下，资料的收集对该目的是必需的或直接与该目的有关的；及

（c）就该目的而言，资料属足够但不超乎适度，否则不得收集资料。

（2）个人资料须以——

（a）合法；及

（b）在有关个案的所有情况下属公平的方法收集。

（3）凡从或将会从某人收集个人资料，而该人是资料当事人，须采取所有切实可行的步骤，以确保——

（a）他在收集该资料之时或之前，以明确或暗喻方式而获告知——（由 2012 年第 18 号第 2 条修订）

（i）他有责任提供该资料抑或是可自愿提供该资料；及

（ii）（如他有责任提供该资料）他若不提供该资料便会承受的后果；及

（b）他——

● 蒋晓焜，李金招. 游戏网推涉及玩家数据合规：香港篇 [EB/OL].（2020-04-08）[2023-08-17]. https://mp.weixin.qq.com/s/RqLedzPlztTi18G5kPJ3XA.

● 个人资料（私隐）条例 [EB/OL].（2022-10-01）[2023-03-30]. https：//www.elegislation.gov.hk/hk/cap486!en-zh-Hant-HK.pdf?FROMCAPINDEX=Y.

（ⅰ）在该资料被收集之时或之前，获明确告知——（由 2012 年第 18 号第 2 条修订）

（Ａ）该资料将会用于什么目的（须一般地或具体地说明该等目的）；及

（Ｂ）该资料可能移转予什么类别的人；及

（ⅱ）在该资料首次用于它们被收集的目的之时或之前，获明确告知——（由 2012 年第 18 号第 2 条修订）

（Ａ）他要求查阅该资料及要求改正该资料的权利；

（Ｂ）处理向有关资料使用者提出的该等要求的个人的姓名（或职衔）及其地址。（由 2012 年第 18 号第 40 条代替）

但在以下情况属例外：该资料是为了在本条例第 8 部中指明为个人资料就其而获豁免而不受第 6 保障资料原则的条文所管限的目的而收集，而遵守本款条文相当可能会损害该目的。

2. 使用环节

《个人资料（私隐）条例》❶第 6A 部内容如下。

35A. 第 6A 部的释义

（1）在本部中——

同意（consent）就在直接促销中使用个人资料而言，或就提供个人资料以供在直接促销中使用而言，包括表示不反对该项使用或提供；

回应途径（response channel）指由资料使用者根据第 35C（2）（c）或 35J（2）（c）条向资料当事人提供的途径；

直接促销（direct marketing）指通过直接促销方法——

---

❶ 个人资料（私隐）条例 [EB/OL].（2022-10-01）[2023-03-30]. https：//www.elegislation.gov.hk/hk/cap486! en-zh-Hant-HK.pdf?FROMCAPINDEX=Y.

（a）要约提供货品、设施或服务，或为该等货品、设施或服务可予提供而进行广告宣传；或

（b）为慈善、文化、公益、康体、政治或其他目的索求捐赠或贡献。

直接促销方法（direct marketing means）指——

（a）借邮件、图文传真、电子邮件或其他形式的传讯，向指名特定人士送交资讯或货品；或

（b）以特定人士为致电对象的电话通话。

35C. 资料使用者将个人资料用于直接促销前，须采取指明行动

（1）除第 35D 条另有规定外，资料使用者如拟在直接促销中使用某资料当事人的个人资料，须采取第（2）款指明的每一项行动。

（2）资料使用者须——

（a）告知有关资料当事人——

（i）该资料使用者拟如此使用有关个人资料；及

（ii）该资料使用者须收到该当事人对该拟进行的使用的同意，否则不得如此使用该资料；

（b）向该当事人提供关于该拟进行的使用的以下资讯——

（i）拟使用的个人资料的种类；及

（ii）该资料拟就什么类别的促销标的而使用；及

（c）向该当事人提供一个途径，让该当事人可在无需向该资料使用者缴费的情况下，通过该途径，传达该当事人对上述的拟进行的使用的同意。

（3）不论个人资料是否由有关资料使用者从有关资料当事人收集的，第（1）款均适用。

（4）根据第（2）（a）及（b）款提供的资讯，须以易于理解的方式呈示，如属书面资讯，则亦须以易于阅读的方式呈示。

（5）除第 35D 条另有规定外，资料使用者未经采取第（2）款指明的每一项行动，而在直接促销中，使用某资料当事人的个人资料，即属犯罪，一经定罪，可处罚款 50 万美元及监禁 3 年。

（6）在为第（5）款所订罪行而提起的法律程序中，被控告的资料使用者如证明自己已采取所有合理预防措施，并已作出一切应作出的努力，以避免犯该罪行，即可以此作为免责辩护。

（7）凡有法律程序为第（5）款所订罪行而提起，在该程序之中，有关资料使用者负有举证责任，证明由于第 35D 条，本条并不适用。

35J. 资料使用者在提供个人资料前，须采取指明行动

（1）资料使用者如拟将某资料当事人的个人资料提供予另一人，以供该人在直接促销中使用，该资料使用者须采取第（2）款指明的每一项行动。

（2）资料使用者须——

（a）以书面告知有关资料当事人——

（ⅰ）该资料使用者拟如此提供有关个人资料；及

（ⅱ）该资料使用者须收到该当事人对该拟进行的提供的书面同意，否则不得如此提供该资料；

（b）向该当事人提供关于该拟进行的提供的以下书面资讯——

（ⅰ）（如该资料是拟为得益而提供的）该资料是拟如此提供的；

（ⅱ）拟提供的个人资料的种类；

（ⅲ）该资料拟提供予什么类别的人士；及

（ⅳ）该资料拟就什么类别的促销标的而使用；及

（c）向该当事人提供一个途径，让该当事人可在无需向该资料使用者缴费的情况下，通过该途径，以书面传达该当事人对上述的拟进行的提供的同意。

（3）不论个人资料是否由有关资料使用者从有关资料当事人收集的，第

（1）款均适用。

（4）根据第（2）（a）及（b）款提供的资讯，须以易于理解和阅读的方式呈示。

（5）资料使用者未经采取第（2）款指明的每一项行动，而将某资料当事人的个人资料提供予另一人，以供该人在直接促销中使用，即属犯罪，一经定罪——

（a）在该资料是为得益而提供的情况下，可处罚款100万美元及监禁5年；或

（b）在该资料并非为得益而提供的情况下，可处罚款50万美元及监禁3年。

（6）在为第（5）款所订罪行而提起的法律程序中，被控告的资料使用者如证明自己已采取所有合理预防措施，并已作出一切应作出的努力，以避免犯该罪行，即可以此作为免责辩护。

3. 数据出境

1）《个人资料（私隐）条例》❶第1部

2. 释义

（1）在本条例中，除文意另有所指外——

……

有关资料使用者（relevant data user）——

（a）就一项视察而言，指使用某个人资料系统的资料使用者，而该系统是该项视察的对象；

（b）就一项投诉而言，指该项投诉所指明的资料使用者；

（c）就——

（ⅰ）由一项投诉引发的调查而言，指该项投诉所指明的资料使用者；

---

❶ 个人资料（私隐）条例 [EB/OL].（2022-10-01）[2023-03-30]. https：//www.elegislation. gov.hk/hk/cap486! en-zh-Hant-HK.pdf?FROMCAPINDEX=Y.

（ii）其他调查而言，指属该项调查的对象的资料使用者；

（d）就执行通知而言，指获送达该通知的资料使用者；

……

资料使用者（data user），就个人资料而言，指独自或联同其他人或与其他人共同控制该资料的收集、持有、处理或使用的人。（由 2012 年第 18 号第 2 条修订）

2）《个人资料（私隐）条例》❶ 第 6 部

33. 禁止除在指明情况外将个人资料移转至香港以外地方（尚未实施）

（1）除——

（a）其收集、持有、处理或使用是在香港进行的个人资料；或

（b）其收集、持有、处理或使用是由主要业务地点是在香港的人所控制的个人资料，

外，本条不适用于任何个人资料。

（2）除非符合以下条件，否则资料使用者不得将个人资料移转至香港以外的地方——

（a）该地方是为本条的施行而在第（3）款下的公告中指明的；

（b）该使用者有合理理由相信在该地方有与本条例大体上相似或达致与本条例的目的相同的目的之法律正在生效；

（c）有关的资料当事人已以书面同意该项移转；

（d）该使用者有合理理由相信在有关个案的所有情况下——

（i）该项移转是为避免针对资料当事人的不利行动或减轻该等行动的影响而作出的；

（ii）获取资料当事人对该项移转的书面同意不是切实可行的；及

---

❶ 个人资料（私隐）条例 [EB/OL]．（2022-10-01）[2023-03-30]. https：//www.elegislation. gov.hk/hk/cap486! en-zh-Hant-HK.pdf?FROMCAPINDEX=Y.

（iii）如获取书面同意是切实可行的，则资料当事人是会给予上述同意的；

（e）该资料凭借第 8 部下的豁免获豁免而不受第 3 保障资料原则所管限；或（由 2012 年第 18 号第 2 条修订）

（f）凡假使该资料在香港以某方式收集、持有、处理或使用，便会属违反本条例下的规定，该使用者已采取所有合理的预防措施及已作出所有应作出的努力，以确保该资料不会在该地方以该方式收集、持有、处理或使用。（由 2012 年第 18 号第 2 条修订）

（3）凡专员有合理理由相信在香港以外的某地方有与本条例大体上相似或达致与本条例的目的相同的目的之法律正在生效，他可借宪报公告，为本条的施行指明该地方。

（4）凡专员有合理理由相信在第（3）款下的公告所指明的某地方，已不再有与本条例大体上相似或达致与本条例的目的相同的目的之法律正在生效，他须借废除或修订该公告，令该地方停止被为本条的施行而指明。

（5）为免生疑问，现声明——

（a）就第（1）（b）款而言，资料使用者如属在香港成立为法团的公司，即为主要业务地点是在香港的资料使用者；

（b）第（3）款下的公告是附属法例；及

（c）本条的施行不损害第 50 条的概括性。

4. 违规罚则

1）《个人资料（私隐）条例》❶第 6 部

35C. 资料使用者将个人资料用于直接促销前，须采取指明行动

---

❶ 个人资料（私隐）条例 [EB/OL].（2022-10-01）[2023-03-30]. https：//www.elegislation. gov.hk/hk/cap486! en-zh-Hant-HK.pdf?FROMCAPINDEX=Y.

（1）除第 35D 条另有规定外，资料使用者如拟在直接促销中，使用某资料当事人的个人资料，须采取第（2）款指明的每一项行动。

（2）资料使用者须——

（a）告知有关资料当事人——

（i）该资料使用者拟如此使用有关个人资料；及

（ii）该资料使用者须收到该当事人对该拟进行的使用的同意，否则不得如此使用该资料；

（b）向该当事人提供关于该拟进行的使用的以下资讯——

（i）拟使用的个人资料的种类；及

（ii）该资料拟就什么类别的促销标的而使用；及

（c）向该当事人提供一个途径，让该当事人可在无需向该资料使用者缴费的情况下，通过该途径，传达该当事人对上述的拟进行的使用的同意。

……

（5）除第 35D 条另有规定外，资料使用者未经采取第（2）款指明的每一项行动，而在直接促销中，使用某资料当事人的个人资料，即属犯罪，一经定罪，可处罚款 50 万美元及监禁 3 年。

35J.　资料使用者在提供个人资料前，须采取指明行动

（1）资料使用者如拟将某资料当事人的个人资料提供予另一人，以供该人在直接促销中使用，该资料使用者须采取第（2）款指明的每一项行动。

（2）资料使用者须——

（a）以书面告知有关资料当事人——

（i）该资料使用者拟如此提供有关个人资料；及

（ii）该资料使用者须收到该当事人对该拟进行的提供的书面同意，否则不得如此提供该资料；

（b）向该当事人提供关于该拟进行的提供的以下书面资讯——

（i）（如该资料是拟为得益而提供的）该资料是拟如此提供的；

（ii）拟提供的个人资料的种类；

（iii）该资料拟提供予什么类别的人士；及

（iv）该资料拟就什么类别的促销标的而使用；及

（c）向该当事人提供一个途径，让该当事人可在无需向该资料使用者缴费的情况下，通过该途径，以书面传达该当事人对上述的拟进行的提供的同意。

……

（5）资料使用者未经采取第（2）款指明的每一项行动，而将某资料当事人的个人资料提供予另一人，以供该人在直接促销中使用，即属犯罪，一经定罪——

（a）在该资料是为得益而提供的情况下，可处罚款 100 万美元及监禁 5 年；或

（b）在该资料并非为得益而提供的情况下，可处罚款 50 万美元及监禁 3 年。

2）《个人资料（私隐）条例》❶第 6 部

33. 禁止除在指明情况外将个人资料移转至香港以外地方（尚未实施）

（1）除——

（a）其收集、持有、处理或使用是在香港进行的个人资料；或

（b）其收集、持有、处理或使用是由主要业务地点是在香港的人所控制的个人资料，

外，本条不适用于任何个人资料。

（2）除非符合以下条件，否则资料使用者不得将个人资料移转至香港以外的地方——

（a）该地方是为本条的施行而在第（3）款下的公告中指明的；

（b）该使用者有合理理由相信在该地方有与本条例大体上相似或达致与本

---

❶ 个人资料（私隐）条例 [EB/OL].（2022-10-01）[2023-03-30]. https：//www.elegislation. gov.hk/hk/cap486! en-zh-Hant-HK.pdf?FROMCAPINDEX=Y.

条例的目的相同的目的之法律正在生效；

（c）有关的资料当事人已以书面同意该项移转；

（d）该使用者有合理理由相信在有关个案的所有情况下——

（i）该项移转是为避免针对资料当事人的不利行动或减轻该等行动的影响而作出的；

（ii）获取资料当事人对该项移转的书面同意不是切实可行的；及

（iii）如获取书面同意是切实可行的，则资料当事人是会给予上述同意的；

（e）该资料凭借第 8 部下的豁免获豁免而不受第 3 保障资料原则所管限；或（由 2012 年第 18 号第 2 条修订）

（f）凡假使该资料在香港以某方式收集、持有、处理或使用，便会属违反本条例下的规定，该使用者已采取所有合理的预防措施及已作出所有应作出的努力，以确保该资料不会在该地方以该方式收集、持有、处理或使用。（由 2012 年第 18 号第 2 条修订）

（3）凡专员有合理理由相信在香港以外的某地方有与本条例大体上相似或达致与本条例的目的相同的目的之法律正在生效，他可借宪报公告，为本条的施行指明该地方。

（4）凡专员有合理理由相信在第（3）款下的公告所指明的某地方，已不再有与本条例大体上相似或达致与本条例的目的相同的目的之法律正在生效，他须借废除或修订该公告，令该地方停止被为本条的施行而指明。

（5）为免生疑问，现声明——

（a）就第（1）（b）款而言，资料使用者如属在香港成立为法团的公司，即为主要业务地点是在香港的资料使用者；

（b）第（3）款下的公告是附属法例；及

（c）本条的施行不损害第 50 条的概括性。

1.1.3　游戏出海中国澳门地区的数据合规 ❶

1. 收集环节

1)《个人资料保护法》❷ 第 5 条

一、个人资料应：

（一）以合法的方式并在遵守善意原则和第 2 条所指的一般原则下处理；

（二）为了特定、明确、正当和与负责处理实体的活动直接有关的目的而收集，之后对资料的处理亦不得偏离有关目的；

（三）适合、适当及不超越收集和之后处理资料的目的；

（四）准确，当有需要时作出更新，并应基于收集和之后处理的目的，采取适当措施确保对不准确或不完整的资料进行删除或更正；

（五）仅在为实现收集或之后处理资料的目的所需期间内，以可识别资料当事人身份的方式被保存。

2)《个人资料保护法》❸ 第 6 条

个人资料的处理仅得在资料当事人明确同意或在以下必要的情况下方可进行：

（一）执行资料当事人作为合同一方的合同，或应当事人要求执行订立合同或法律行为意思表示的预先措施；

（二）负责处理个人资料的实体须履行法定义务；

（三）为保障资料当事人的重大利益，而资料当事人在身体上或法律上无能

---

❶ 蒋晓焜，李金招. 游戏网推涉及玩家数据合规：澳门篇 [EB/OL].（2020-04-14）[2023-08-17]. https://mp.weixin.qq.com/s/BHpgGbTKMwMbNV1W_mK_vA.

❷ 个人资料保护法 [EB/OL].（2005-08-22）[2023-03-30]. https：//www.al.gov.mo/uploads/attachment/2019-03/806185c8245bd74eba.pdf.

❸ 个人资料保护法 [EB/OL].（2005-08-22）[2023-03-30]. https：//www.al.gov.mo/uploads/attachment/2019-03/806185c8245bd74eba.pdf.

力作出同意；

（四）负责处理个人资料的实体或被告知资料的第三人在执行一具公共利益的任务，或者在行使公共当局权力；

（五）为实现负责处理个人资料的实体或被告知资料的第三人的正当利益，只要资料当事人的利益或权利、自由和保障不优于这些正当利益。

3）《个人资料保护法》❶第4条

（三）"个人资料的处理"（"处理"）：有关个人资料的任何或者一系列的操作，不管该操作是否通过自动化的方法进行，诸如资料的收集、登记、编排、保存、改编或修改、复原、查询、使用，或者以传送、传播或其他通过比较或互联的方式向他人通告，以及资料的封存、删除或者销毁。

2. 使用环节

1）《个人资料保护法》❷第6条

个人资料的处理仅得在资料当事人明确同意或在以下必要的情况下方可进行：

（一）执行资料当事人作为合同一方的合同，或应当事人要求执行订立合同或法律行为意思表示的预先措施；

（二）负责处理个人资料的实体须履行法定义务；

（三）为保障资料当事人的重大利益，而资料当事人在身体上或法律上无能力作出同意；

（四）负责处理个人资料的实体或被告知资料的第三人在执行一具公共利益的任务，或者在行使公共当局权力；

---

❶ 个人资料保护法 [EB/OL].（2005-08-22）[2023-03-30]. https：//www.al.gov.mo/uploads/attachment/ 2019-03/ 806185c8245bd74eba.pdf.

❷ 个人资料保护法 [EB/OL].（2005-08-22）[2023-03-30]. https：//www.al.gov.mo/uploads/attachment/ 2019-03/ 806185c8245bd74eba.pdf.

（五）为实现负责处理个人资料的实体或被告知资料的第三人的正当利益，只要资料当事人的利益或权利、自由和保障不优于这些正当利益。

2）《个人资料保护法》❶第 4 条

（三）"个人资料的处理"（"处理"）：有关个人资料的任何或者一系列的操作，不管该操作是否通过自动化的方法进行，诸如资料的收集、登记、编排、保存、改编或修改、复原、查询、使用，或者以传送、传播或其他通过比较或互联的方式向他人通告，以及资料的封存、删除或者销毁。

3）《个人资料保护法》❷第 15 条

一、负责处理个人资料的实体应采取适当的技术和组织措施保护个人资料，避免资料的意外或不法损坏、意外遗失、未经许可的更改、传播或查阅，尤其是有关处理使资料经网络传送时，以及任何其他方式的不法处理；在考虑到已有的技术知识和因采用该技术所需成本的情况下，上述措施应确保具有与资料处理所带来的风险及所保护资料的性质相适应的安全程度。

二、负责处理个人资料的实体，在委托他人处理时，应选择一个在资料处理的技术安全和组织上能提供足够保障措施的次合同人，并应监察有关措施的执行。

三、以次合同进行的处理，应由约束次合同人和负责处理资料实体的合同或法律行为规范，并应特别规定次合同人只可按照负责处理资料的实体的指引行动，并须履行第一款所指的义务。

四、与资料保护有关的法律行为之意思表示、合同或法律行为的证据资料，以及第一款所指措施的要求，应由法律认可的具有证明效力的书面文件载明。

---

❶ 个人资料保护法 [EB/OL].（2005-08-22）[2023-03-30]. https：//www.al.gov.mo/uploads/attachment/ 2019-03/806185c8245bd74eba.pdf.

❷ 个人资料保护法 [EB/OL].（2005-08-22）[2023-03-30]. https：//www.al.gov.mo/uploads/attachment/ 2019-03/806185c8245bd74eba.pdf.

3. 数据出境

1)《个人资料保护法》❶第 4 条

一、为本法律的效力，下列用词之定义为：

......

（五）"负责处理个人资料的实体"：就个人资料处理的目的和方法，单独或与他人共同作出决定的自然人或法人，公共实体、部门或任何其他机构。

2)《个人资料保护法》❷第 19 条

一、仅得在遵守本法律规定，且接收转移资料当地的法律体系能确保适当的保护程度的情况下，方可将个人资料转移到特区以外的地方。

二、上款所指的适当的保护程度应根据转移的所有情况或转移资料的整体进行审议，尤其应考虑资料的性质、处理资料的目的、期间或处理计划、资料来源地和最终目的地，以及有关法律体系现行的一般或特定的法律规则及所遵守的专业规则和安全措施。

三、由公共当局决定某一法律体系是否能确保上款规定的适当保护程度。

4. 违规罚则

1)《个人资料保护法》❸第 33 条

一、对处理个人资料的实体不履行第 5 条、第 10 条、第 11 条、第 12 条、第 13 条、第 16 条、第 17 条和第 25 条第 3 款规定所规定义务的行政违法行为，

---

❶ 个人资料保护法 [EB/OL].（2005-08-22）[2023-03-30]. https：//www.al.gov.mo/uploads/attachment/ 2019-03/ 806185c8245bd74eba.pdf.

❷ 个人资料保护法 [EB/OL].（2005-08-22）[2023-03-30]. https：//www.al.gov.mo/uploads/attachment/ 2019-03/ 806185c8245bd74eba.pdf.

❸ 个人资料保护法 [EB/OL].（2005-08-22）[2023-03-30]. https：//www.al.gov.mo/uploads/attachment/ 2019-03/ 806185c8245bd74eba.pdf.

科处澳门币 4000～40 000 元罚款。

二、对处理个人资料的实体不履行第 6 条（经玩家明确同意后收集、使用玩家数据）、第 7 条、第 8 条、第 9 条、第 19 条（数据出境）和第 20 条所规定义务的行政违法行为，科处澳门币 8000～80 000 元罚款。

2）《个人资料保护法》❶第 36 条

一、公共当局有权科处本法律规定的罚款。

二、如未在法定期限内并根据法律规定提出争执，则公共当局的决定构成执行名义。

附录 2　中国台湾地区的游戏发行政策

2.1.1　概述

截至 2023 年，中国台湾地区的人口数量为 2300 多万人。大陆的游戏在台湾地区占 24% 的市场份额，在游戏 TOP50 畅销榜上大陆的游戏产品有 20 余种。目前，中国台湾地区已成为全球第五大手游市场。移动游戏的收入规模更是位列全球第五。这样的体量无论对外国企业还是中国大陆企业来讲，都是具有吸引力的优势市场。

游戏出海台湾地区的合规要求包括游戏发行的架构设计、游戏发行的分级要求、游戏发行的用户协议设计及个人信息保护要求。

---

❶ 个人资料保护法 [EB/OL].（2005-08-22）[2023-03-30]. https：//www.al.gov.mo/uploads/attachment/ 2019-03/ 806185c8245bd74eba.pdf.

2.1.2 游戏发行的架构设计 ●

1. 大陆游戏不能在台湾地区直接发行、运营

1）所谓"台湾地区与大陆地区人民关系条例" ● 第 40-1 条

大陆地区之营利事业，非经主管机关许可，并在台湾地区设立分公司或办事处，不得在台湾从事业务活动；其分公司在台湾营业，准用公司法第 9 条、第 10 条、第 12 条至第 25 条、第 28 条之一、第 388 条、第 391 条至第 393 条、第 397 条、第 438 条及第 448 条规定。

前项业务活动范围、许可条件、申请程序、申报事项、应备文件、撤回、撤销或废止许可及其他应遵行事项之办法，由"经济部"拟订，报请"行政院"核定之。

2）"提醒业者勿对未经许可之大陆游戏业者提供营运服务" ●

大陆地区营运事业，依所谓"台湾地区与大陆地区人民关系条例"第 40 条之 1 第 1 项规定，非经主管机关许可，并在台湾地区设立分公司或办事处，不得在台湾从事业务活动。目前，主管机关未开放大陆业者来台湾从事软件设计以外的业务活动，如游戏营运服务等。

近来大陆游戏软件在台湾从事广告行销，或委托台湾业者处理客户服务及小额付费等机制，便利其通过互联网提供跨境游戏服务，其在台湾未有合法代理商，衍生的消费纠纷难以处理，对消费者权益无法保障；且其营运获利未在

● 蒋晓焜. 游戏出海台湾（一）：游戏发行的架构设计 [EB/OL].（2021-03-04）[2023-08-17]. https:// mp.weixin.qq.com/s/FrXUK92tPGjhmx7os4yfuQ.

● 台湾地区与大陆地区人民关系条例 [EB/OL].（2019-08-23）[2023-03-30]. https://www.lawtime.cn/info/ shuifa/ssfl/2010122420726.html.

● 提醒业者勿对未经许可之大陆游戏业者提供营运服务 [EB/OL].（2012-09-10）[2023-07-18].https:// www.gamerating.org.tw/Message/MessageView?itemid=1950&mid=6&page=0&GroupName=%E6%94%B F%E4%BB%A4%E5%AE%A3%E5%B0%8E.

台湾缴税，造成不公平竞争，对于台湾游戏业者商机亦有影响。

为此特别提醒相关业者，勿对未经许可之大陆游戏业者提供营运服务，如广告刊播、客户服务或小额付费等，以免违反法令规定。

综上所述，境内游戏企业不能以境内公司的名义直接在台湾地区推广游戏。受台湾地区监管限制，笔者建议境内游戏企业可采取的措施有：①寻找台湾当地游戏代理商；②作为隐名股东，由台湾地区企业发行游戏；③通过 App Store 或 Google Play 上线运营游戏。

2. 境内游戏企业在台湾地区进行广告推广的限制

1）所谓"台湾地区与大陆地区人民关系条例"● 第 34 条

依本条例许可之大陆地区物品、劳务、服务或其他事项，得在台湾地区从事广告之播映、刊登或其他促销推广活动。

前项广告活动内容，不得有下列情形：

……

二、违背现行大陆政策或政府法令。

三、妨害公共秩序或善良风俗。

第 1 项广告活动及前项广告活动内容，由各有关机关认定处理，如有疑义，得由"行政院"大陆委员会会同相关机关及学者专家组成审议委员会审议决定。

第 1 项广告活动之管理，除依其他广告相关规定办理外，得由"行政院"大陆委员会会商有关机关拟订管理办法，报请"行政院"核定之。

● 台湾地区与大陆地区人民关系条例 [EB/OL].（2019-08-23）[2023-03-30]. https：//www.lawtime.cn/info/shuifa/ssfl/2010122420726.html.

2）所谓"台湾地区与大陆地区人民关系条例"❶第89条

委托、受托或自行于台湾地区从事第34条第1项以外大陆地区物品、劳务、服务或其他事项之广告播映、刊登或其他促销推广活动者，或违反第34条第2项、依第4项所定管理办法之强制或禁止规定者，处新台币10万元以上、50万元以下罚款。

前项广告，不问属于何人所有或持有，得没入之。

3）"提醒业者勿对未经许可之大陆游戏业者提供营运服务"❷

为此特别提醒相关业者，勿对未经许可之大陆游戏业者提供营运服务，如广告刊播、客户服务或小额付费等，以免违反规定。

4）所谓"大陆地区物品、劳务、服务在台湾地区从事广告活动管理办法"❸第11条

各目的事业主管机关基于调查事实及证据之必要，得要求广告活动之委托人、受托人或制作人等，提供经许可进入台湾地区之大陆地区物品、劳务、服务或其他事项之许可文件、文书、资料及其广告物。

前项委托人为台湾地区人民、法人、团体或其他机构于境外设立之子公司或其他法人、机构者，各目的事业主管机关得要求该台湾地区人民、法人、团体或其他机构提供相关许可文件、文书、资料及其广告物。

---

❶ 台湾地区与大陆地区人民关系条例 [EB/OL].（2019-08-23）[2023-03-30]. https：//www.lawtime.cn/info/shuifa/ssfl/2010122420726.html.

❷ 提醒业者勿对未经许可之大陆游戏业者提供营运服务 [EB/OL].（2012-09-10）[2023-07-18]. https://www.gamerating.org.tw/Message/MessageView?itemid=1950&mid=6&page=0&GroupName=%E6%94%BF%E4%BB%A4%E5%AE%A3%E5%B0%8E.

❸ 大陆地区物品、劳务、服务在台湾地区从事广告活动管理办法 [EB/OL].（2013-01-23）[2023-03-30]. http：// www.doc88.com/p-902281653018.html.

5）所谓"大陆地区物品、劳务、服务在台湾地区从事广告活动管理办法"❶第 12 条

有下列情形之一者，依本条例（所谓"台湾地区与大陆地区人民关系条例"）第 89 条规定处理：

一、委托、受托或自行于台湾地区从事本条例第 34 条第 1 项以外大陆地区物品、劳务、服务或其他事项之广告播映、刊登或其他促销推广活动。

二、广告活动内容违反本条例第 34 条第 2 项规定。

三、广告活动违反本办法之强制或禁止规定。

前项广告，不问属于何人所有或持有，得由目的事业主管机关依本条例第 89 条第 2 项规定没入之。

6）"中国大陆游戏登载代理资讯作业流程"❷

一、目的：目前，未开放大陆游戏业者在台湾上市营运，为落实大陆游戏授权台湾业者代理营运，避免有跨境营运之情事，故拟定本作业流程供代理大陆游戏业者遵循并予以管理。

二、摘要：游戏软件之研发、制作、发行者为大陆地区资金、事业或大陆之集团事业者，于游戏软件上市前，应由在台湾之代理营运商登载游戏资讯并提交代理证明文件，佐证游戏软件业经授权营运。

7）所谓"电信管理法"❸第 5 条

提供电信服务，且有下列行为之一者，应向主管机关办理电信事业之登记：

一、与其他电信事业进行互连协商或申请裁决。

---

❶ 大陆地区物品、劳务、服务在台湾地区从事广告活动管理办法 [EB/OL].（2013-01-23）[2023-03-30]. http://www.doc88.com/p-902281653018.html.

❷ 中国大陆游戏登载代理资讯作业流程 [EB/OL].（2018-05-26）[2023-07-18].https://www.gamerating.org. tw/Message/MessageView?itemid=1998.

❸ 电信管理法 [EB/OL].（2023-06-28）[2023-07-19]. https://law.moj.gov.tw/LawClass/LawAll.aspx?pcode= K0060111&kw=%e9%9b%bb%e4%bf%a1%e7%ae%a1%e7%90%86%e6%b3%95.

二、申请核配第 56 条规定以外之调频。

三、申请核配设置公众电信网络之标识符或信号点码。

四、申请核配用户号码。

8）所谓"电信管理法"❶第 6 条

申请电信事业登记者，应检具申请书，向主管机关办理；其登记事项变更时，亦同。

前项申请书应载明下列事项：

一、申请人与联系人之名称及住所。

二、公司或商业登记文件字号。

三、服务内容及营业概况说明。

四、电信网络架构或公众电信网络使用证明文件复印件。

前项申请书应载明事项不完备者，主管机关应通知申请人限期补正；届期不补正或补正不完备者，不予受理。

第一项申请书格式、申请程序及其他相关事项，由主管机关公告之。

股份有限公司组织之电信事业，其最低实收资本额与股东人数达一定之金额及人数者，应办理股票公开发行。

前项之一定金额及人数，由主管机关公告之。

9）所谓"电信管理法"❷第 7 条

电信事业有下列情事之一者，主管机关应废止其登记：

一、终止营业或暂停营业达 6 个月，但因灾害或其他不可抗力因素致无法提供电信服务者，不在此限。

二、未履行第 37 条之营运计划，且情节重大。

---

❶ 电信管理法 [EB/OL]．（2023-06-28）[2023-07-19]. https://law.moj.gov.tw/LawClass/LawAll.aspx?pcode= K0060111&kw=%e9%9b%bb%e4%bf%a1%e7%ae%a1%e7%90%86%e6%b3%95.

❷ 电信管理法 [EB/OL]．（2023-06-28）[2023-07-19]. https://law.moj.gov.tw/LawClass/LawAll.aspx?pcode= K0060111&kw=%e9%9b%bb%e4%bf%a1%e7%ae%a1%e7%90%86%e6%b3%95.

综上所述，如境内游戏企业涉及在台湾地区大范围地进行线上游戏推广，须取得台湾地区监管机构的同意，授权当地代理商（或隐名控股的台湾地区企业）进行游戏的推广运营。境内游戏企业如确定在台湾地区发行游戏，可采取寻找当地游戏代理商或作为隐名股东由台湾地区企业发行游戏。如果作为隐名股东由台湾地区企业运营时，则该企业应依法登记，取得电信事业登记许可证。

2.1.3 游戏发行的分级要求 ❶

1. 所谓"儿童及少年福利与权益保障法"❷第 44 条

新闻纸以外之出版品、录像节目带、游戏软件应由有分级管理义务之人予以分级；其他有事实认定影响儿童及少年身心健康之虞之物品经目的事业主管机关认定应予分级者，亦同。

任何人不得以违反第 3 项所定办法之陈列方式，使儿童及少年观看或取得应列为限制级之物品。

第 1 项物品之分级类别、内容、标示、陈列方式、管理、有分级管理义务之人及其他应遵行事项之办法，由目的事业主管机关定之。

2. "游戏软件分级管理办法"❸第 4 条

游戏软件依其内容分为下列 5 级：

---

❶ 蒋晓焜. 游戏出海台湾（二）：游戏发行的分级要求 [EB/OL].（2021-03-12）[2023-08-17] .https://mp.weixin.qq.com/s/gZnEE9MXj8s1F85fP93N2A.

❷ 儿童及少年福利与权益保障法 [EB/OL].（2021-01-20）[2023-03-30]. https://law.moj.gov.tw/LawClass/LawAll.aspx?pcode=D0050001&kw=%e5%85%92%e7%ab%a5%e5%8f%8a%e5%b0%91%e5%b9%b4%e7%a6%8f%e5%88%a9%e8%88%87%e6%ac%8a%e7%9b%8a%e4%bf%9d%e9%9a%9c%e6%b3%95.

❸ 游戏软件分级管理办法 [EB/OL].（2019-05-23）[2023-03-30]. https://law.moj.gov.tw/LawClass/LawAll.aspx?pcode=J0030086&kw= 游戏软件分级管理办法 .

（1）限制级：18 岁以上之人始得使用。

（2）辅导 15 岁级：15 岁以上之人始得使用。

（3）辅导 12 岁级：12 岁以上之人始得使用。

（4）保护级：6 岁以上之人始得使用。

（5）普遍级：任何年龄皆得使用。

父母、监护人或其他实际照顾儿童及少年之人应协助儿童及少年遵守前项分级规定。

3. "游戏软件分级管理办法" 第 10 条

发行或代理游戏软件之人于其游戏软件上市前，应依本办法之规定标示分级信息，但非由前述之人所供应之游戏软件，应由实际供应者依本办法之规定负分级义务。

前项之人应于游戏软件上市前将游戏软件分级级别、情节及发行或代理游戏软件之人有效联络之通讯数据输入目的事业主管机关之数据库，供分级查询。

游戏软件产品包装及游戏软件说明、下载或起始网页之内容，不得逾越该游戏软件之分级级别。

4. "游戏软件分级管理办法" ❶ 第 11 条

游戏软件应依下列规定标示分级标识：

一、有游戏软件产品包装者，应标示于产品包装正面之左下方或右下方；除限级之标示不得小于 2cm×2cm 外，其余级别之标示不得小于 1.5cm×1.5cm。

二、无游戏软件产品包装者，应于游戏软件说明、下载、起始网页或连结

---

❶ 游戏软件分级管理办法 [EB/OL]．（2019-05-23）[2023-03-30]. https://law.moj.gov.tw/LawClass/LawAll.aspx?pcode=J0030086&kw= 游戏软件分级管理办法 .

处旁为明显之标示；除限级之标示不得小于 50 像素 ×50 像素外，其余级别之标示不得小于 45 像素 ×45 像素。但因体积过小或性质特殊无法为标示者，应以文字标示分级级别。

5. "游戏软件分级管理办法" ❶ 第 12 条

同一游戏软件内容有以下情形者，应以中文明显标示下列各款情节名称。其情节达 3 种以上者，应按内容比重至少标示 3 种情节：

（1）涉及性、暴力、恐怖、烟酒、毒品、不当言语或反社会性等 7 种情节。

（2）第 6 条第 6 款及第 7 条第 5 款所定之棋类、牌类及益智娱乐。

（3）涉及促使使用者虚拟恋爱或结婚之情节。

游戏软件之情节名称标示方法如下：

（1）有游戏软件产品包装者，应标示于产品包装正面或背面之左下方或右下方。

（2）无游戏软件产品包装者，应于游戏软件说明、下载、起始网页或连结处旁为明显之标示。但因体积过小或性质特殊无法为标示者，不在此限。

6. "游戏软件分级管理办法" ❷ 第 13 条

游戏软件应于游戏软件产品包装及游戏软件说明、下载或起始网页以中文明显标示下列警语：

（1）注意使用时间、避免沉迷、游戏虚拟情节勿模仿或其他类似警语。

（2）以棋类、牌类及益智娱乐类为游戏主要情节者，应标示不得利用游戏赌博、从事违反法令或其他类似行为之警语。

---

❶ 游戏软件分级管理办法 [EB/OL].（2019-05-23）[2023-03-30]. https://law.moj.gov.tw/LawClass/LawAll. aspx?pcode=J0030086&kw= 游戏软件分级管理办法 .

❷ 游戏软件分级管理办法 [EB/OL].（2019-05-23）[2023-03-30]. https://law.moj.gov.tw/LawClass/LawAll. aspx?pcode=J0030086&kw= 游戏软件分级管理办法 .

（3）以购买游戏点数（卡）、虚拟游戏币或虚拟宝物作为付费方式者，应标示其付费内容及金额、游戏部分内容或服务需另行支付其他费用，或其他类似警语。

（4）限级游戏软件应标示满 18 岁之人始得购买或使用之警语。

7."游戏软件分级管理办法"❶第 14 条

有分级管理义务之人为游戏软件广告者，该广告除遵守相关"法律"及主管机关之规定外，并应于明显处揭露游戏软件之分级级别。但因广告体积过小或性质特殊无法为标示者，不在此限。

游戏软件上市前刊播之广告，若其分级级别尚未确定，应以中文明显标示本游戏尚未上市、分级级别评定中之警语。

8."游戏软件分级管理办法"❷第 15 条

使用者得通过因特网连结或下载非在台湾地区发行之游戏软件，该游戏软件未能依本办法规定分级及完成数据库登录信息者，目的事业主管机关、地方主管机关得采取下列措施：

（1）通知因特网平台提供者，为限制接取、浏览之措施，或先行移除。

（2）通知提供其营运服务之人，终止提供相关服务。

综上所述，境内游戏企业在台湾地区发行游戏应做好游戏分级措施。游戏发行前应按照规定完成分级标示，触及法规所规定的相关情节还须进行特别标示，并设置相应的警示语，并且将所有分级资讯及游戏发行、代理的相关情况输入主管机关的数据库进行备案。

---

❶ 游戏软件分级管理办法 [EB/OL].（2019-05-23）[2023-03-30]. https://law.moj.gov.tw/LawClass/LawAll. aspx?pcode=J0030086&kw= 游戏软件分级管理办法 .

❷ 游戏软件分级管理办法 [EB/OL].（2019-05-23）[2023-03-30]. https://law.moj.gov.tw/LawClass/LawAll. aspx?pcode=J0030086&kw= 游戏软件分级管理办法 .

2.1.4　游戏发行的用户协议设计 ●

1. 退费注意事项

1）"网络连线游戏服务定型化契约应记载及不得记载事项" ● 第 2 条

若有限制行为能力人未经同意或无行为能力人未由法定代理人代为付费购买点数致法定代理人主张退费时，法定代理人得依官网公告流程，备妥证明文件并提出申请，经企业经营者确认后，退还消费者未使用之游戏费用。

企业经营者应于官网首页、游戏登入页面或购买页面以中文明显标示，若消费者为限制行为能力人或无行为能力人，除应符合第 1 项规定外，并应于消费者之法定代理人阅读、了解并同意本契约之所有内容后，方得使用本游戏服务，本契约条款变更时亦同。

2）"线上游戏定型化契约范本" ● 第 7 条

甲方（游戏玩家）得于开始游戏后 7 日内，以书面告知乙方（游戏企业）解除本契约，甲方无须说明理由及负担任何费用。

前项情形，甲方得就未使用之付费购买点数向乙方请求退费。

3）"线上游戏定型化契约范本" ● 第 22 条

甲方得随时通知乙方终止本契约。

乙方得与甲方约定，若甲方逾 ＿＿＿＿ 期间（不得少于 1 年）未登入使用本游

● 蒋晓焜. 游戏出海台湾（四）：游戏发行的用户协议设计 [EB/OL].（2021-04-08）[2023-08-17]. https://mp.weixin.qq.com/s/mqG6QOpU4NYGYbdHZjJRKg.

● 网络连线游戏服务定型化契约应记载及不得记载事项 [EB/OL].（2022-08-10）[2023-03-30]. https：// gazette.nat.gov.tw/egFront/detail.do?metaid=134332&log=detailLog.

● 线上游戏定型化契约范本 [EB/OL].（2022-12-29）[2023-07-18]. https://www.ey.gov.tw/Page/AABD2F12D8A6D561/ 8c785629-76d0-487f-b235-2811369c0b53.

● 线上游戏定型化契约范本 [EB/OL].（2022-12-29）[2023-07-18]. https://www.ey.gov.tw/Page/AABD2F12D8A6D561/ 8c785629-76d0-487f-b235-2811369c0b53.

戏服务，乙方得定相当期限（不得少于 15 日）通知甲方登入，如甲方届期仍未登入使用，则乙方得终止本契约。

甲方有下列重大情事之一者，乙方依甲方登录之通信数据通知甲方后，得立即终止本契约：

一、利用任何系统或工具对乙方计算机系统之恶意攻击或破坏。

二、以利用插件、病毒程序、游戏程序漏洞或其他违反游戏常态设定或公平合理之方式进行游戏。

三、以冒名、诈骗或其他虚伪不正当方式付费购买点数或游戏内商品。

四、因同一事由违反游戏管理规则达一定次数（不得少于 3 次）以上，经依第 19 条第 2 项通知改善而未改善者。

五、经司法机关查获从事任何不法之行为。

乙方对前项事实认定产生错误或无法举证时，乙方应对甲方之损害负赔偿责任。

契约终止时，乙方于扣除必要成本后，应于 30 日内以现金、信用卡、汇票或挂号寄发支票方式退还甲方未使用之付费购买之点数或游戏费用，或依双方同意之方式处理前述点数或费用。

2. 计费方式注意事项 ●

1）"网络连线游戏服务定型化契约应记载及不得记载事项" ● 第 3 条

以下视为本契约之一部分，与本契约条款具有相同之效力：

一、企业经营者有关本游戏服务之广告或宣传内容。

● 线上游戏定型化契约范本 [EB/OL].（2022-12-29）[2023-07-18]. https://www.ey.gov.tw/Page/AABD2F12D8A6D561/8c785629-76d0-487f-b235-2811369c0b53.

● 网络连线游戏服务定型化契约应记载及不得记载事项 [EB/OL].（2022-08-10）[2023-03-30]. https：//gazette.nat.gov.tw/egFront/detail.do?metaid=134332&log=detailLog.

二、计费制游戏之费率表及游戏管理规则。

本契约条款如有疑义时，应为消费者有利之解释。

2）"线上游戏定型化契约范本"❶第 8 条

本游戏服务之收费计算方式为：

（1）免费制。

（2）计时制。（应叙明计价单位及币别，计价单位最高不得逾 2 个小时）

（3）其他费制。

本游戏服务内（如游戏商城、在线商店等）有提供需甲方额外付费购买之点数、商品或其他服务（如虚拟货币或宝物、进阶道具等），乙方应在官网首页、游戏登入页面或购买页面公告载明付款方式及商品信息。

费率调整时，乙方应于预定调整生效日 30 日前于官网首页、游戏登入页面或购买页面公告；若甲方于注册账号时已登录通信资料者，并依甲方登录之通信数据通知甲方。

费率如有调整时，应自调整生效日起按新费率计收；若新费率高于旧费率时，甲方在新费率生效日前已于官网中登录之付费购买点数或游戏费用应依旧费率计收。

3. 账号密码条款注意事项 ❷

1）"线上游戏定型化契约范本"❸第 10 条

甲方完成注册程序后取得之账号及密码，仅供甲方使用。

---

❶ 线上游戏定型化契约范本 [EB/OL].（2022-12-29）[2023-07-18]. https://www.ey.gov.tw/Page/AABD2F12D8A6D561/8c785629-76d0-487f-b235-2811369c0b53.

❷ 线上游戏定型化契约范本 [EB/OL].（2022-12-29）[2023-07-18]. https://www.ey.gov.tw/Page/AABD2F12D8A6D561/8c785629-76d0-487f-b235-2811369c0b53.

❸ 线上游戏定型化契约范本 [EB/OL].（2022-12-29）[2023-07-18]. https://www.ey.gov.tw/Page/AABD2F12D8A6D561/8c785629-76d0-487f-b235-2811369c0b53.

前项之密码得依乙方提供之修改机制进行变更。乙方人员（含客服人员、游戏管理员）不得主动询问甲方之密码。乙方应于契约终止后＿＿＿日内（不得低于 30 日），保留甲方之账号及附随于该账号之电磁记录。

契约非因可归责甲方之事由而终止者，甲方于前项期间内办理续用后，有权继续使用账号及附随于该账号之电磁记录。

第 2 项期间届满时，甲方仍未办理续用，乙方得删除该账号及附随于该账号之所有数据，但法令另有规定者不在此限。

2）"线上游戏定型化契约范本"❶第 11 条

账号、密码遭非法使用之通知与处理。当事人一方如发现账号、密码被非法使用时，应立即通知对方并由乙方进行查证，经乙方确认有前述情事后，得暂停该组账号或密码之使用权，更换账号或密码予甲方，立即限制第三人就本游戏服务之使用权利，并将相关处理方式揭载于游戏管理规则。

乙方应于暂时限制游戏使用权利之时起，即刻以官网公告、简讯、电子邮件、推播或其他双方约定之方式通知前项第三人提出说明。如该第三人未于接获通知时起 7 日内提出说明，乙方应直接回复遭不当移转之电磁记录予甲方，如不能回复时可采取其他双方同意之相当补偿方式，并于回复后解除对第三人之限制。但乙方有提供免费安全装置（如防盗卡、电话锁等）而甲方不使用或有其他可归责于甲方之事由，乙方不负回复或补偿责任。

第 1 项之第三人不同意乙方前项之处理时，甲方得依报案程序，循司法途径处理。

乙方依第 1 项规定限制甲方或第三人之使用权时，在限制使用期间内，乙方不得向甲方或第三人收取费用。

---

❶ 线上游戏定型化契约范本 [EB/OL].（2022-12-29）[2023-07-18]. https://www.ey.gov.tw/Page/AABD2F12D8A6D561/8c785629-76d0-487f-b235-2811369c0b53.

甲方如有申告不实之情形致使乙方或第三人权利受损时，应负一切法律责任。

4. 游戏资料注意事项

1）"线上游戏定型化契约范本" ❶ 第 12 条

乙方应保存甲方之个人游戏历程记录，且保存期间为 ____ 日（不得低于 30 日），以供甲方查询。

甲方得以书面、网络或亲至乙方之服务中心申请调阅甲方之个人游戏历程，且须提出与身份证明文件相符之个人资料以供查验，查询费用如下，由甲方负担。

（1）免费。

（2）____ 元（不得超过新台币 200 元）。

（3）其他计费方式（计费方式另行公告于官网首页、游戏登入页面或购买页面，其收费不得超过新台币 200 元）。

乙方接获甲方之查询申请，应提供第 1 项所列之甲方个人游戏历程，并于 7 日内以储存媒介或书面、电子邮件方式提供资料。

2）"线上游戏定型化契约范本"第 14 条

本游戏之所有电磁记录均属乙方所有，乙方并应维持甲方相关电磁记录之完整。

甲方对于前项电磁记录有使用支配之权利，但不包括本游戏服务范围外之移转、收益行为。

---

❶ 线上游戏定型化契约范本 [EB/OL].（2022-12-29）[2023-07-18]. https://www.ey.gov.tw/Page/AABD2F12D8A6D561/8c785629-76d0-487f-b235-2811369c0b53.

3）"线上游戏定型化契约范本"第 15 条

乙方应于游戏网站上提供本游戏服务之服务器可容纳人数、同时上线人数与连线状况等相关信息，并定期更新。

5. 停服注意事项

"线上游戏定型化契约范本"❶第 23 条

因乙方停止本游戏服务之营运而终止契约者，应于终止前 ＿ 日（不得少于30 日）公告于官网首页、游戏登入页面或购买页面，并依甲方登录之通信数据通知甲方。

乙方未依前项期间公告并通知，除应退还甲方未使用之付费购买点数或游戏费用且不得扣除必要成本外，并应提供其他合理之补偿。

6. 更改协议注意事项

"线上游戏定型化契约范本"第 21 条

乙方修改本契约时，应于官网首页、游戏登入页面或购买页面公告之，并依甲方登录之通信数据通知甲方。

乙方未依前项进行公告及通知者，其契约之变更无效。

甲方于第 1 项通知到达后 15 日内：

一、甲方未为反对之表示者，乙方依契约变更后之内容继续提供本游戏服务。

二、甲方为反对之表示者，依甲方终止契约方式处理。

综上所述，境内游戏企业在台湾地区发行游戏须谨慎设计用户协议条款。根据《线上游戏定型化契约范本》《网络连线游戏服务定型化契约应记载及不得

---

❶ 线上游戏定型化契约范本 [EB/OL].（2022-12-29）[2023-07-18]. https://www.ey.gov.tw/Page/AABD2F12D8A6D561/8c785629-76d0-487f-b235-2811369c0b53.

记载事项》的规定，在设计用户协议条款时，应注意"退费条款设计""计费方式条款""账号密码条款""游戏资料条款""停服条款""更改协议条款"等事项。

2.1.5 个人信息保护要求 ●

1. 收集环节

1）所谓"个人资料保护法" ● 第 5 条

个人数据之收集、处理或利用，应尊重当事人之权益，依诚实及信用方法为之，不得逾越特定目的之必要范围，并应与收集之目的具有正当合理之关联。

2）所谓"个人资料保护法"第 19 条

非公务机关对个人资料之收集或处理，除第 6 条第 1 项所规定资料外，应有特定目的，并符合下列情形之一者：

一、法律明文规定。

二、与当事人有契约或类似契约之关系，且已采取适当之安全措施。

三、当事人自行公开或其他已合法公开之个人资料。

四、学术研究机构基于公共利益为统计或学术研究而有必要，且资料经过提供者处理后或经收集者依其揭露方式无从识别特定之当事人。

五、经当事人同意。

六、为增进公共利益所必要。

● 蒋晓焜 . 游戏出海台湾（三）：游戏发行的数据合规 [EB/OL].（2021-03-25）[2023-08-17]. https://mp.weixin.qq.com/s/vSOudNWvErGUIzHQe-H7EA.

● 个人资料保护法 [EB/OL].（2023-05-31）[2023-07-18]. https：//law.moj.gov.tw/LawClass/LawAll.aspx?pcode=I0050021&kw=%e5%80%8b%e4%ba%ba%e8%b3%87%e6%96%99%e4%bf%9d%e8%ad%b7%e6%b3%95.

七、个人资料取自一般可得之来源，但当事人对该资料之禁止处理或利用，显有更值得保护之重大利益者，不在此限。

八、对当事人权益无侵害。

收集或处理者知悉或经当事人通知依前项第 7 款但书规定禁止对该资料之处理或利用时，应主动或依当事人之请求，删除、停止处理或利用该个人资料。

3）所谓"个人资料保护法"第 7 条

第 15 条第 2 款及第 19 条第 1 项第 5 款所称同意，指当事人经收集者告知本法所定应告知事项后，所为允许之意思表示。

2. 使用环节（自身使用）

1）所谓"个人资料保护法"第 20 条

非公务机关对个人资料之利用，除第 6 条第 1 项所规定资料外，应于收集之特定目的必要范围内为之，但有下列情形之一者，得为特定目的外之利用。

一、法律明文规定。

二、为增进公共利益所必要。

三、为免除当事人之生命、身体、自由或财产上之危险。

四、为防止他人权益之重大危害。

五、公务机关或学术研究机构基于公共利益为统计或学术研究而有必要，且资料经过提供者处理后或经收集者依其揭露方式无从识别特定之当事人。

六、经当事人同意。

七、有利于当事人权益。

非公务机关依前项规定利用个人资料行销者，当事人表示拒绝接受行销时，应即停止利用其个人资料行销。

2）所谓"个人资料保护法"第7条

第16条第7款、第20条第1项第6款所称同意，指当事人经收集者明确告知特定目的外之其他利用目的、范围及同意与否对其权益之影响后，单独所为之意思表示。

3. 使用环节（委托第三方处理）

1）所谓"个人资料保护法"第20条

非公务机关对个人资料之利用，除第6条第1项所规定资料外，应于收集之特定目的必要范围内为之，但有下列情形之一者，得为特定目的外之利用。

一、法律明文规定。

二、为增进公共利益所必要。

三、为免除当事人之生命、身体、自由或财产上之危险。

四、为防止他人权益之重大危害。

五、公务机关或学术研究机构基于公共利益为统计或学术研究而有必要，且资料经过提供者处理后或经收集者依其揭露方式无从识别特定之当事人。

六、经当事人同意。

七、有利于当事人权益。

非公务机关依前项规定利用个人资料行销者，当事人表示拒绝接受行销时，应即停止利用其个人资料行销。

非公务机关于首次行销时，应提供当事人表示拒绝接受行销之方式，并支付所需费用。

2）所谓"个人资料保护法"第7条

第16条第7款、第20条第1项第6款所称同意，指当事人经收集者明确告知特定目的外之其他利用目的、范围及同意与否对其权益之影响后，单独所为之意思表示。

4. 数据出境

1）所谓"个人资料保护法"第 2 条

略。

2）所谓"个人资料保护法"第 21 条

略。

3）所谓"个人资料保护法"第 22 条

略。

5. 违规罚则

1）所谓"个人资料保护法"第 47 条

略。

2）所谓"个人资料保护法"第 41 条

略。

3）所谓"个人资料保护法"第 25 条

略。